文春文庫

「空気」の研究

山本七平

文藝春秋

「人は水と霊《プネウマ》とによらずば、神の国に入ることあたわず」

神の国という新しい神的体制《バシレイア・トウ・テウー》に入るには、この二つによる回心が必要であろう。

この神の秩序へのイエスの言葉を少し言いかえて、「人は空気《プネウマ》と水による心的転回を知るに至らねば、人の国に入ることあたわず」とすれば、それはまさに日本だといえる。空気と水による絶えざる心的転回で常に新しい心的秩序に入るという、日本的の人間的体制《バシレイア・トウ・アントロプー》の見本を探ること、それが本書の主題である。

目次

単行本　一九七七年四月文藝春秋刊
本書は一九八三年一〇月に刊行された文春文庫の新装版です。

「空気」の研究

「空気」の研究

一

だいぶ前、ある教育雑誌の記者の来訪をうけ、「道徳教育」について意見を聞かれた。質問の意味、というよりむしろ「道徳教育」という言葉の意味が明白でないので、私は一応次のような返事をした。

「日本の社会に道徳という規制があることは事実でしょう。田中首相の辞職は、その原因が、政策的破綻《はたん》よりむしろ道徳的問題のように思われます。ニクソン大統領の場合ももちろんそうでしょうが——。道徳は一国の首相を辞職に追いこむほど強力で、これから見ても、そういった規範は明らかに存在するのですから、それがどういう規範かを教えておかねば、その子供が社会に出てから非常に困ると思います。従って〝現実に社会には、こういう規範があります〟という事実は、一つの知識乃至は常識として、系統的に教えておく義務が、教師にはあるでしょう。そうでなければ子供がかわいそうです」

と言った意味のことを私はのべた。

「ははあ、では道徳教育にご賛成ですな。いまは、大体そういった空気ですな」という、まことに奇妙で意味不明の返事をしてから、相手は「では、どのような点からはじめたらよいのでしょう」

と言った。

「それは簡単なことでしょう。まず、日本の道徳は差別の道徳である、という現実の説明からはじめればよいと思います」

と私は答えた。ところがこの返事がまことに意外であったらしく、相手はあきれたように私を見て言った。

「そ、そそ、そんなこと、そんなことを言ったら大変なことになります」

「どうしてですか。私は何も〝差別をせよ〟と主張しているのでなく、ただ〝差別の道徳である〟という事実を事実として子供に伝えることが第一だと言っただけです。事実を事実のままのべても、それは事実であるからそれをそのまま口にするだけのこと。口にすること自体は別に大変なことではありますまい。大変なことは、私が口にしようとしまいと大変なことです」

「そうはおっしゃっても、それはまあ理屈で、現場の空気としましては、でも……で、どんな事実がありますか」

私は簡単な実例をあげた。それは、三菱重工爆破事件のときの、ある外紙特派員の記事である。それによると、道路に重傷者が倒れていても、人びとは黙って傍観している。ただ所々に、人がかたまってかいがいしく介抱していた例もあったが、調べてみると、これが全部その人の属する会社の同僚、いわば「知人」である。ここに、知人・非知人に対する明確な「差別の道徳」をその人は見た。これを一つの道徳律として表現するなら、「人間には知人・非知人の別がある。人が危難に遭ったとき、もしその人が知人ならあらゆる手段でこれを助ける。非知人なら、それが目に入っても、一切黙殺して、かかわりあいになるな」ということになる。この知人・非知人を集団内・集団外と分けてもよいわけだが、みながそういう規範で動いていることは事実なのだから、それらの批判は批判として、その事実を、まず、事実のままに知らせる必要がある、それをしないなら、それを克服することはできない。私がいうのは、それだけのことだ、と言った。

「そんなこと、絶対に言えませんよ。第一、差別の道徳なんて……」

と相手は言った。

「ではあなたは、たとえば三菱重工の事件のような場合、どうします」

「ウーン、そう言われるとこまるなあ、何も言えなくなるなあ」

「なぜこまるのですか、なぜ何も言えなくなるのですか。何もこまることはないでしょう。それをそのまま言えばよいはずです。みなはそうしているし、自分もそうすると思う。ただし、私はそれを絶対に言葉にしない。日本の道徳は、現に自分が行なっていることの規範を言葉にすることを禁じており、それを口にすれば、たとえそれが事実でも、〝口にしたということが不道徳行為〟と見なされる。従ってそれを絶対に口にしてはいけない。これが日本の道徳である。おとなたちはみなこうしています。だから、それが正しいと思う人は、そうしなさい、と言えばよいでしょう」

「とんでもない、そんなことを言ったら大変なことになります」

「なりませんよ。表現さえ変えればね。というのは、みながそうしているのは、知らず知らずのうちに、そう教えられているからでしょう。あなたが、そうするのも、そう教えられて来たからでしょう。結局みんな、以上のことを、非系統的に断片的に、周辺におこった個々の事例への判断を口にするに際して、子供に教えつづけてきたからでしょう。そしてそれは、少しも〝大変なこと〟じゃなかったでしょう」

「そういえば、そうですが……」

「ではそう書けばいいでしょう。あなたも、〝そういえばそうだ〟と賛成されたのだから」

「とっても、とっても、第一、編集部がうけつけませんよ」

「どうしてですか、言論は自由でしょ」

「いや、そう言われても、第一うちの編集部は、そんな話を持ち出せる空気じゃありません」

大変に面白いと思ったのは、そのときその編集員が再三口にした「空気」という言葉であった。彼は、何やらわからぬ「空気」に、自らの意志決定を拘束されている。いわば彼を支配しているのは、今までの議論の結果出てきた結論ではなく、その「空気」なるものであって、人が空気から逃れられない如く、彼はそれから自由になれない。従って、彼が結論を採用する場合も、それは論理的結果としてでなく、「空気」に適合しているからである。採否は「空気」がきめる。従って「空気だ」と言われて拒否された場合、こちらにはもう反論の方法はない。人は、空気を相手に議論するわけにいかないからである。「空気」これは確かに、ある状態を示すまことに的確な表現である。人は確かに、無色透明でその存在を意識的に確認できにくい空気に拘束されている。従って、何かわけのわからぬ絶対的拘束は「精神的な空気」であろう。

以前から私は、この「空気」という言葉が少々気にはなっていた。そして気になり出すと、この言葉は一つの〝絶対の権威〟の如くに至る所に顔を出して、驚くべき力を振っているのに気づく。「ああいう決定になったことに非難はあるが、当時の会議の空気では……」「議場のあのときの空気からいって……」「あのころの社会全般の空気も知らずに批判されても……」「その場の空気も知らずに偉そうなことを言うな」「その場の空気は私が予想したものと全く違っていた」等々、至る所で人びとは、何かの最終的決定者は「人でなく空気」である、と言っている。

驚いたことに、「文藝春秋」昭和五十年八月号の『戦艦大和』（吉田満監修構成）でも、「全般の空気よりして、当時も今日も（大和の）特攻出撃は当然と思う」（軍令部次長・小沢治三郎中将）という発言がでてくる。この文章を読んでみると、大和の出撃を無謀とする人びとにはすべて、それを無謀と断ずるに至る細かいデータ、すなわち明確な根拠がある。だが一方、当然とする方の主張はそういったデータ乃至根拠は全くなく、その正当性の根拠は専ら「空気」なのである。従ってここでも、あらゆる議論は最後には「空気」できめられる。最終的決定を下し、「そうせざるを得なくしている」力をもっているのは一に「空気」であって、それ以外にない。これは非常に興味深い事実である。というのは、おそらくわれわれのすべてを、あらゆる議論や主張を超えて拘束している「何か」があるという証拠であって、その「何か」は、大問題から日常の問題、あるいは不意に当面した突発事故への対処に至るまで、われわれを支配している何らかの基準のはずだからである。ここで冒頭にもどれば、三菱重工爆破事件のとき、その周囲にいた人びとを規制し、一定のパターンの行動をとらせたものも、おそらく「空気」である。そしてそれを口にさせないのも「空気」である。

では、この「空気」とは一体何なのであろう。それは教育も議論もデータも、そしておそらく科学的解明も歯がたたない〝何か〟である。たとえば、最初にのべた「差別の道徳」だが、もし私の話を聞いた先生が、その実例をくわしく生徒に話し、こういうことは絶対にいけませんと教えても、その生徒はもちろん教師も、いざというときには「その場の空気」に支配されて、自らが否定したその通りの行動をするであろう。こういう実例は少しも珍しくない。私自身、いまの今まで「これこれは絶対にしてはならん」と言いつづけ教えつづけたその人が、いざとなると、その「ならん」と言ったことを「やる」と言い、あるいは「やれ」と命じた例を、戦場で、直接に間接に、いくつも体験している。そして戦後その理由を問えば、その返事は必ず「あのときの空気では、ああせざるを得なかった」である。

「せざるを得なかった」とは、「強制された」であって自らの意志ではない。そして彼を強制したものが真実に「空気」であるなら、空気の責任はだれも追及できないし、空気がどのような論理的過程をへてその結論に達したかは、探究の方法がない。だから「空気」としか言えないわけだが、この「空気」と「論理・データ」の対決として「空気の勝ち」の過程が、非常に興味深く出ている一例に、前述の『戦艦大和』がある。これをもう少し引用させていただこう。

注意すべきことは、そこに登場するのがみな、海も船も空も知りつくした専門家だけであって素人の意見は介入していないこと。そして米軍という相手は、昭和十六年以来戦いつづけており、相手の実力も完全に知っていること。いわばベテランのエリート集団の判断であって、無知・不見識・情報不足による錯誤は考えられないことである。まずサイパン陥落時にこの案が出されるが、「軍令部は到達までの困難と、到達しても機関、水圧、電力などが無傷でなくては主砲の射撃が行ないえないこと等を理由にこれをしりぞけた」となる。従って理屈から言えば、沖縄の場合、サイパンの場合とちがって「無傷で到達できる」という判断、その判断の基礎となりうる客観情勢の変化、それを裏づけるデータがない限り、大和出撃は論理的にはありえない。だがそういう変化はあったとは思えない。もし、サイパン・沖縄の両データをコンピューターで処理してコンピューターに判断させたら、サイパン時の否は当然に沖縄時の否であったろう。従ってこれは、前に引用した「全般の空気よりして……」が示すように、サイパン時になかった「空気」が沖縄時には生じ、その「空気」が決定したと考える以外にない。

このことを明確に表わしているのが、三上参謀と伊藤長官の会話であろう。伊藤長官はその「空気」を知らないから、当然にこの作戦は納得できない。第一、説明している三上参謀自身が「いかなる状況にあろうとも、裸の艦隊を敵機動部隊が跳梁《ちようりよう》する外海に突入させるということは、作戦として形を為さない。それは明白な事実である」と思っているから、その人間の説明を、伊藤長官が納得するはずはない。ともにベテラン、論理の詐術などでごまかしうるはずはない。だが、「陸軍の総反撃に呼応し、敵上陸地点に切りこみ、ノシあげて陸兵になるところまでお考えいただきたい」といわれれば、ベテランであるだけ余計に、この一言の意味するところがわかり、それがもう議論の対象にならぬ空気の決定だとわかる。そこで彼は反論も不審の究明もやめ「それならば何をかいわんや。よく了解した」と答えた。この「了解」の意味は、もちろん、相手の説明が論理的に納得できたの意味ではない。それが不可能のことは、サイパンで論証ずみのはずである。従って彼は、「空気の決定であることを、了解した」のであり、そうならば、もう何を言っても無駄、従って「それならば何をかいわんや」とならざるを得ない。

ではこれに対する最高責任者、連合艦隊司令長官の戦後の言葉はどうか。「戦後、本作戦の無謀を難詰する世論や史家の論評に対しては、私は当時ああせざるを得なかったと答うる以上に弁疏《べんそ》しようと思わない」であって、いかなるデータに基づいてこの決断を下したかは明らかにしていない。それは当然であろう、彼が「ああせざるを得なかった」ようにしたのは「空気」であったから――。こうなると「軍には抗命罪があり、命令には抵抗できないから」という議論は少々あやしい。むしろ日本には「抗空気罪」という罪があり、これに反すると最も軽くて「村八分」刑に処せられるからであって、これは軍人・非軍人、戦前・戦後に無関係のように思われる。

「空気」とはまことに大きな絶対権をもった妖怪である。一種の「超能力」かも知れない。何しろ、専門家ぞろいの海軍の首脳に、「作戦として形をなさない」ことが「明白な事実」であることを、強行させ、後になると、その最高責任者が、なぜそれを行なったかを一言も説明できないような状態に落し込んでしまうのだから、スプーンが曲がるの比ではない。こうなると、統計も資料も分析も、またそれに類する科学的手段や論理的論証も、一切は無駄であって、そういうものをいかに精緻に組みたてておいても、いざというときは、それらが一切消しとんで、すべてが「空気」に決定されることになるかも知れぬ。とすると、われわれはまず、何よりも先に、この「空気」なるものの正体を把握しておかないと、将来なにが起るやら、皆目見当がつかないことになる。

では一体、戦後、この空気の威力は衰えたのであろうか、盛んになったのであろうか。「戦前・戦後の空気の比較」などは、もちろん不可能だから何とも言えないが、相変らず猛威を振っているように思われる。もっとも、戦後らしく「ムード」と呼ばれることもあり、昔なら「議場の空気」といったところを「当時の議場の全般のムードから言って……」などという言い方もしている。そして時にはこの「空気」が竜巻状になるのがブームであろう。いずれにせよ、それらは、戦前・戦後を通じて使われる「空気」と同系統に属する表現と思われる。そしてこの空気《ムード》が、すべてを制御し統制し、強力な規範となって、各人の口を封じてしまう現象、これは昔と変りがない。

最近ある小冊子で、専門学者が公害問題について語っているのを読んだが、多くの人は「いまの空気では、到底こういうことはマスコミなどでは言えない」という意味の発言をしている。特に複合汚染は、金属の場合、複合すると毒性が少なくなるといったデータの話などきくと、こちらは素人ながら「毒をもって毒を制す」なのかな？　これが「自然の回復力」といったものなのかな？　と、公害克服のみならず、さまざまな面で非常に興味をひかれる。このデータなどは、たとえ資料に明らかでも「口にできない空気」があるそうである。この傾向は公害だけでなくすべての面にある。従ってもし日本が、再び破滅へと突入していくなら、それを突入させていくものは戦艦大和の場合の如く「空気」であり、破滅の後にもし名目的責任者がその理由を問われたら、同じように「あのときは、ああせざるを得なかった」と答えるであろうと思う。こうなるとますます、この「空気」なるものの実体を解明せざるを得なくなるのである。「空気」といわれる以上、それが一種の力をもちうるのは、何らかの気圧のような圧力があるからであろう。人はそれを感ずるから「空気」と表現したに相違ない。従って、この空気に対抗して論争した論説を、その空気が消え去った後で読むと、その人びとが、なぜこんなに一心不乱に反論していたかが、逆にわからなくなってくる。ごく最近の例をあげると、「文藝春秋」（昭和四十九年六月号）の一九八四年グループによる『民主連合政府綱領批判』がある。いわゆる「保革逆転」といった空気の中で書かれたこの批判は、その空気が雲散霧消してしまうと、一心不乱の反論が逆に奇妙に見えてくる。同じことは戦艦大和にもいえるかもしれない。もし大和が、出撃無謀・無駄死招来の反論によって出撃を停止していたなら、あとになってそれを読んだ者が、「専門家の海軍軍人が、専門家の海軍軍人に、なぜこんな、素人にもわかり切ったことを、一心不乱に主張しなければならなかったのか」とおそらく非常に奇妙に感じざるを得ないであろう。

また私は二十年ぐらい前に、千谷利三教授の実験用原子炉導入の必要を説いた論文を校正したことがある。先日その控が出てきたので、何気なく読んでいて驚いたことは、「実験用原子炉は原爆とは関係ない」ことを、同教授は、まことに一心不乱、何やら痛ましい気もするほどの全力投球で、実に必死になって強調している。今ではその必死さが異常に見えるが、これは、「原子」と名がついたものは何でも拒否する強烈な「空気」であったことを、逆に証明しているであろう。そして、この論文をもって、当時の反対者の意見を聞きにいったら、その返事はおそらく「当時の空気から言って、ああ主張せざるを得なかった」であろう。こうなると、たとえ「空気の決定」が排除される場合でさえ、一人の学者がそれに使う無駄なエネルギーは、実に膨大なものであろうと思う。

二

一体、以上に記した「空気」とは何であろうか。それは非常に強固でほぼ絶対的な支配力をもつ「判断の基準」であり、それに抵抗する者を異端として、「抗空気罪」で社会的に葬るほどの力をもつ超能力であることは明らかである。以上の諸例は、われわれが「空気」に順応して判断し決断しているのであって、総合された客観情勢の論理的検討の下に判断を下して決断しているのでないことを示している。だが通常この基準は口にされない。それは当然であり、論理の積み重ねで説明することができないから「空気」と呼ばれているのだから。従ってわれわれは常に、論理的判断の基準と、空気的判断の基準という、一種の二重基準《ダブルスタンダード》のもとに生きているわけである。そしてわれわれが通常口にするのは論理的判断の基準だが、本当の決断の基本となっているのは、「空気が許さない」という空気的判断の基準である。大和の出撃はそのほんの一例にすぎない、と言ってしまえば、実に単純なのだが、現実にはこの二つの基準は、そう截然《せつぜん》と分かれていない。ある種の論理的判断の積み重ねが空気的判断の基準を醸成していくという形で、両者は、一体となっているからである。いわば議論における論者の論理の内容よりも、議論における言葉の交換それ自体が一種の「空気」を醸成していき、最終的にはその「空気」が決断の基準となるという形をとっている場合が多いからである。

では一体この「空気」は、どのようにして醸成され、どのように作用し、作用が終ればどのようにして跡形もなく消えてしまうのであろう。これを探究する一つの手掛りは、だれかが、何らかの意図のもとに、ある種の「空気」を意識的に醸成した場合である。言いかえれば、議論が、議論そのものよりも、明らかに、議論によるある種の「空気」

の醸成を狙っている場合である。通常「空気」は、このような人工的操作によって作られるものでなく、言葉の交換によって、無意識のうちに、不作為に、いわば自然発生的に醸成されるから「空気」なのだが、それは、ある種の意図を秘めた作為的な「人工空気」の醸成が不可能だということではない。従って、この「人工空気醸成法」を調べていけば、「自然発生的空気」の成立過程も少しはわかるであろうと思われる。

この点、興味深いのは「文藝春秋」昭和五十年八月号、北条誠氏の『自動車ははたして有罪か・米国よりも厳しい日本版マスキー法の真意は』という論文である。この論文を「人工空気醸成法の解明」という視点で読むと実に面白い。私はこの問題について何も知らないから、北条氏の文脈をそのまま追うことになるが、それによると、自動車「魔女裁判」の目的は、「放漫無計画な政策によって、破産にひんした自治体が、その穴埋め財源に（自動車に）狙いをつけ」、次の「尻尾を出した報告書」に示されているように「……国が地方税法の改正をしない場合、少なくとも大都市および大都市所在府県は、連帯し、これらの両税（自動車関連税）の税率につき、とりあえず三倍ないしそれ以上の引上げをはかる」こと、そのためその際、それを否《ノー》といえない「空気」を人工的に醸成することであった。いわば非公害自動車税という形で、今の三倍も四倍も税金をとられても、「仕方ないや、公害をまき散らしているんだから、それくらいの税金は。それにしてもさんざもうけている大メーカーが、サボって低公害車をつくらなかったから、こうなったんだ、にっくき大メーカーめ、おれたちはいつも被害者だ」という空気をつくり出すことであった、ということになる。

確かに、日本で人工醸成されたこの「空気」なるものは、ヨーロッパともアメリカとも全く違う状態を現出させているらしい。第一、ヨーロッパでは何の規制も行なわれていない。また、と氏は記している。

「アメリカでは、今年の一月十五日、フォード大統領が『年頭教書』を発して、『新マスキー法』の改正を要求した。七七年規制をさらに五年延長し、その間の暫定基準が定められた。しかし、今の日本にとって、それは遠い遠い外国のお伽噺《とぎばなし》だ」

面白いことに、日本は、この問題では西欧を範とせず（日本では、反米的な人びとへの刺激源は不思議にアメリカであって西欧でない）、「右へ習え」でアメリカの基準にとびついた。「日本版マスキー法」という名がそれを示している。従って約五年前の出発点では非常に似ており（というよりむしろほぼ同じで）、そのままの「引き写し」であったものが、徐々に徐々に日本的に変化していき、ついに、フォード大統領が「あたりまえ」のこととして言っていることが、日本では「絶対に言えない」という「空気」ができてしまった――ただしこの場合は人工的に。そしてこの期間はわずか五年間である。

この点この問題は、実に面白い資料である。出発点は同じだが、アメリカには「空気」がなく、日本では「空気」が醸成される、という決定的な違いが出てくる――このことは、空気研究の最もよき資料であることを物語っていよう。

　では「空気」が、このままますます濃厚かつ絶対的になり、すべてを決定したらどうなるか。おそらくアメリカでは考えられぬ状態に発展するであろう。北条氏の分析が正しければ「経済戦艦大和」の出撃になりかねない。氏は次のように記している。

「自動車産業は、関連産業を含めれば、一億の人口に対して、四百万余の労働人口を有する。四百万余の失業は、日本経済の破壊につながるだろう。自動車の貿易収入は、全日本産業の第二位で、これをつき崩せば自由社会は消滅する……国内用の低公害車と、ヨーロッパその他向けの非公害対策車と、アメリカ向けの中間車と、日本のメーカーは三種類の生産計画を果して実現できるのか。ラインが崩れる。リード・タイムで遅れているうちに、外地のシェアを他の外車にうばわれないと、保証できるか」

　では、こうなったと仮定しよう。そして何年か後に、NO x が無害だということになり、ヨーロッパははじめから何の規制も行なわず、アメリカも方向転換しているのに、日本だけなぜこんな自滅の道をつっぱしったのか。なぜだれ一人として「NO x は人体に有害だという確証はない」という、アメリカ人が平然といえることを言わなかったのか、と問われれば、その答は結局「当時の空気では、到底そんなことは口にできなかった」「当時の空気としては、ああする以外に方法がなかった」「当時の空気を知らない技術史家や評論家の難詰に対しては答えないことにしている」といった返事になるであろう。もちろんそうなるかならないか、専門家でない私にはわからない。しかし私は北川徹三氏（横浜国立大学名誉教授）がミニコミ誌「カレント」に書いた論文の「わが国の労働者も含めて、世界各国で、労働衛生上の工場内のNO_2の許容濃度が五ｐｐｍで、現在各国ともこの値を使用していて不都合はなく、変更する必要は認めていない」という部分を読むと、これが「環境基準一日平均〇・〇二ｐｐｍ」の二百五十倍なので、何が何やらさっぱりわからなくなるのである。そしてそういう質問をできないのが現実の空気だから、もし将来日本を破壊するものがあるとしたら、それは、三十年前の破滅同様に、おそらく「空気」なのである。と同時に、もしこの「空気」が何かの情勢で雲散霧消したとする。そして三十年後にだれかが北条誠氏の論文を読んだら、一体全体どうして小説家の北条氏が、こんなに一生懸命、資料を調べて、専門外のことを、一種の強い非難をこめて書かねばならなかったのか、不思議に思うであろう。また北川徹三氏の論文は、おそらく私が二十年前の千谷利三教授の論文を偶然に読んで感じた感じと同じものになるであろう。まことに「空気」への抵抗とは、大変なエネルギーを消費さす作業である。ではこの「空気」は、どのようにして醸成されたのであろう。

北条氏は、この過程を自動車への「魔女裁判」という形で取り上げられた。従って『自動車ははたして有罪か』がこの論文の題で、そのハイライトが、柴田徳衛氏（東京都公害研究所長）を〝異端審問官〟とする七大都市自動車排ガス規制問題調査団という名の「大司教団」の「事情聴取」という名の「魔女裁判」である。そしてその背後には、「公害罪」への「免罪符」を売って財政危機を乗り越えようとする美濃部法皇がいる。従って自動車は有罪であらねばならない。確かに、この図式は非常に西欧的であり、その典型的な「魔女裁判」の図式を思わせる。しかし――読者はすでに気づかれたであろうが――日本の「魔女裁判」の対象は、実は、人でなく、自動車という物体であることが、その特徴である。物体への裁判は西欧にもある。ただしそれは笑劇の材料乃至は何かに対してあてつけた茶番劇であっても、立派な学者・学識者が、大まじめに物体を裁き、その判決が公式に何かに結果したという例を私は知らない。これはキリスト教伝統では考えられない珍事である。

確かに日本の自動車裁判にも人間が登場している。市民代表といわれる検察側証人もいれば、日産・トヨタという重要参考人もいる。しかし被告・犯人「魔女」はあくまでも自動車であって、人ではない。そう考えない限り、この裁判は成り立たない。だから「自動車はたして有罪か」なのであって、北条氏も指摘するように、排ガス問題ともメーカーとも直接に関係ない交通事故の問題まで同時に持ち出されている。これはこの委員が、この問題で裁かれる対象は自動車、「自動車が主犯」と考えており、交通事故でも「運転手はせいぜい従犯」またメーカーは重要参考人という見方をしていることを示している。すなわち告発さるべき罪人は「自動車」なのである。罪「人」である以上、それはもう物体ではなく「物神」であり、魔女ならば「来魔《くるま》」であろう。

一体、「自動車は有罪か無罪か」という発想はどこから来るのであろう。言うまでもなくそれはいまのべた「物神論」である。「イワシの頭も信心」で、信ずれば対象が一つの「神格もしくは人格」をもちうるなら「クルマも一つの信心」で、信ずれば車は「来魔という魔格」も「人格」を持ち得て、宗教裁判の対象にもなり得る。それは少しも不思議ではない。だが西欧の裁判はソクラテスの昔から被告の弁明がなければ成立しない。従って被告「車」は、自己を弁護して、異端審問官に反論できねば裁判にならない。だが車は口をきかないから、その様相は魔女裁判以下の低劣なものとなり、全く一方的な裁判が成り立ってしまう。このことを明確にするには、自動車が口がきけると仮定して、被告「車さん」が反論したらどうなるかを想像すればよくわかる。次に北条氏の文脈を追いつつ、その架空問答を摘記してみよう。

大審問官「光化学スニッグは、汝、自動車の排気ガスが犯人である。こりゃ頭が高い。〃大気汚染の元凶〃〃光化学スモッグの犯人〃〃人類の平和と健康を蝕《むしば》むもの〃〃悲惨な交通事故の責任者〃〃人間から、歩く道をうばった暴君〃め。申し開きがあるなら申してみよ」

車さん「つねに、光化学スモッグ・イコール・自動車排気ガス、窒素酸化物の公式が一方的に繰りかえされていますが、どこにその証拠があるのですか。証拠がないのに一方的に断定されるのはおかしいと思います。断定されるなら証拠を見せてください。証拠なしに犯人にデッチ上げられるのはお断りします」

審問官「何を言うか、大気汚染の元凶が」

車さん「そういわれますが、NOxが人体に有毒だという証拠はないじゃないですか。現に西欧では、私が大気汚染の元凶だから、告発・断罪さるべきだなどと言っている者はおりません。では日本だけに、何かそれを証明する証拠があるのですか」

審問官「口ごたえするとは反省が足らん。この来魔めが。お前は悲惨な交通事故の犯人ではないか」

車さん「なぜですか。私がそこに存在するだけで、交通事故が起った例はありません。この問題の一番大きな責任者は、自治体で、それによる『運転免許証』の濫発にあります。私自身、さまざまな人に乗られました経験から、こういう人に免許証を与えるとは、自治体は少しアタマがおかしいと思ったことも、一再ではありません。私は厳重な資格審査をせずに免許証を濫発した者こそ、交通事故の最大の責任者だと思います。美濃部法皇はこの点をどうお考えですか。一方で交通事故を云々して私の責任だなどと言いながら、一方で平気で免許証を濫発しているなら、それは偽善行為です。しかしいま問題になっております排気ガスにつきましては、このことも、免許証濫発のことも無関係です。なぜ、関係のないことを持ち出して、私を魔女に仕立てようとするのですか」

「車さん」の反論全部を掲げていけば、それだけで長い長い文章になってしまうから省略する。もちろん車はこのようには反論できない。と同時に、呼ばれた重要参考人は、車の有罪無罪に大きな利害関係をもつとはいえ、あくまでも参考人であり、糾弾されている被告は「車」だから、車の立場に立って反論することはできない。いわば発言権はないのである。従って裁判は被告の反論も弁明もなく、異端審問官の断定だけで進めうる。現人神《あらひとがみ》がいなくなったと思ったら「現機械神」が出てきて、その戦犯裁判がはじまったような形である。そしてこれが「人工空気醸成法」の基本の一つなのであって、その背後にあるものは、対象への「臨在感的把握」に基づく判断基準である。

「車が悪い」「車は元凶」と言っても、車自体は一つの「物体」にすぎない。物体それ自身は人格ではなく、倫理的判断の対象ではなく、善でも悪でもありえず、もちろん裁判の対象にもならず、「車が悪い」ことも「車が善い」こともありえない。そしてこれがその判断の対象になりうるのは、「物神」として人格化された場合だけである。いわば「イワシの頭」同様「車の人格化も信心から」であって、それがなければ成り立たないから、この裁判自体が、一つの宗教性をおびてくる。

従って、柴田公害研究所長以下の「調査団」は、肩書はみな科学者だが、科学者が物体そのものを倫理的判断を持ち込んで裁判するはずはないから、実質的には物神論的宗教家のはずである。従って北条氏が「……この種のこと（光化学スモッグの発生には定説がない）を、専門家である学者諸君が、もちろん知らないはずはない……」といわれて不審がるのは、「調査団」の異端審問官を肩書通り「科学者」と考えられるから生じた疑問であって、「物神論的宗教のまじめな信徒」と考え、その宗教的規範に基づいて自動車を裁判していると考えれば、少しも不思議ではない。これはおそらく戦艦大和出撃にもいえることである。海空の実戦を経験したベテランの判断と思うから不思議なので、大和を一つの人格と見た物神論的発想に基づく宗教的決断と考えれば、別に不思議とするに足りないのと同じであろう。

こうなる「空気」とは、一つの宗教的絶対性をもち、われわれがそれに抵抗できない〝何か〟だということになる。もちろん宗教的絶対性は、大いに活用もできるし悪用できる。これを利用して「免罪符」を売りつけて財政的破綻を救うこともできる。自動車魔女裁判もその一例であろう。ただこういう場合、すなわち、一つの底意をもって、宗教的感情を作為的、人工的に醸成した場合は、いわば「底が割れやすい」ので、かえって実害は少ない。また物神化とその物神の反論なき一方的糾弾《プロテスタント》による空気醸成の過程もよくわかるから、かえって問題は少なく、免罪符の発売は抗議者を決起さすから、実質的には、それを行なった法皇の権威失墜になり、従って宗教性は消え、「空気」は雲散霧消しやすい。だが、この「空気」が、本当に自然発生的に出て来た場合は、そうはならないであろう。それが何によって、どのようにして出、いかにして絶対的規範となるかを、探究してみたいと思う。その基本にあるのはおそらく、前述の臨在感的把握なのである。

三

一体「空気」とは何か。これを調べるための最もよい方法は、単純な「空気発生状態」を調べ、まずその基本的図式を描いてみることであろう。以下は大変に興味深い一例なので、『比較文化論の試み』でも取り上げたが、もう一度ここで取り上げさせていただく。

大畠清教授が、ある宗教学専門雑誌に、面白い随想を書いておられる。イスラエルで、ある遺跡を発掘していたとき、古代の墓地が出てきた。人骨・髑髏《されこうべ》がざらざらと出てくる。こういう場合、必要なサンプル以外の人骨は、一応少し離れた場所に投棄して墓の形態その他を調べるわけだが、その投棄が相当の作業量となり、日本人とユダヤ人が共同で、毎日のように人骨を運ぶことになった。それが約一週間ほどつづくと、ユダヤ人の方は何でもないが、従事していた日本人二名の方は少しおかしくなり、本当に病人同様の状態になってしまった。ところが、この人骨投棄が終ると二人ともケロリとなおってしまった。この二人に必要だったことは、どうやら「おはらい」だったらしい。実をいうと二人ともクリスチャンであったのだが――またユダヤ人の方は、終始、何の影響も受けたとは見られなかった、という随想である。

骨は元来は物質である。この物質が放射能のような形で人間に対して何らかの影響を与えるなら、それが日本人にだけ影響を与えるとは考えられない。従ってこの影響は非物質的なもので、人骨・髑髏という物質が日本人には何らかの心理的影響を与え、その影響は身体的に病状として表われるほど強かったが、一方ユダヤ人には、何らの心理的影響も与えなかった、と見るべきである。おそらくこれが「空気の基本型」である。

といえば不思議に思われる向きもあるかもしれないが、われわれが俗にいう「空気」とこの「空気の基本型」との差は、後述するように、その醸成の過程の単純さ複雑さの違いにすぎないのである。従って、この状態をごく普通の形で記すと、「二人は墓地発掘の『現場の空気』に耐えられず、ついに半病人になって、休まざるを得なくなった」という形になっても不思議ではない。

物質から何らかの心理的・宗教的影響をうける、言いかえれば物質の背後に何かが臨在していると感じ、知らず知らずのうちにその何かの影響を受けるという状態、この状態の指摘とそれへの抵抗は、『福翁自伝』にもでてくる。しかし彼は、否彼のみならず明治の啓蒙家たちは、「石ころは物質にすぎない。この物質を拝むことは迷信であり、野蛮である。文明開化の科学的態度とはそれを否定棄却すること、そのため啓蒙的科学的教育をすべきだ、そしてそれで十分だ」と考えても、「日本人が、なぜ、物質の背後に何かが臨在すると考えるのか、またなぜ何か臨在すると感じて身体的影響を受けるほど強くその影響を受けるのか。まずそれを解明すべきだ」とは考えなかった。まして、彼の目から見れば、開化もせず科学的でもなかったであろう〝野蛮〟な民族——たとえばセム族——の中に、臨在感を徹底的に拒否し罪悪視する民族がなぜ存在するのか、といった点は、はじめから見逃していた。無理もない。彼にとっては、西欧化的啓蒙がすべてであり、彼のみでなく明治のすべてに、先進国学習はあっても、「探究」の余裕はなかったのである。従ってこの態度は、啓蒙的といえるが、科学的とは言いがたい。従ってその後の人びとは、何らかの臨在を感じても、感じたといえば「頭が古い」ことになるから感じても感じていないことにし、感じないふりをすることを科学的と考えて現在に至っている。このことは超能力ブームのときに、非常に面白い形で出てきた。

私がある雑誌に「いわゆる超能力は存在しない」と記したところ、「お前がそんな科学盲従の男とは思わなかった」といった投書がきた。超能力なるものをたとえ感じても感じていないことにすること、いわば「福沢的啓蒙主義」をこの人は科学と考え、この啓蒙主義への盲従を科学への盲従と考え、それに反発しているのである。従って多くの人のいう科学とは、実は、明治的啓蒙主義のことなのである。しかし啓蒙主義とは、一定の水準に〝民度〟を高めるという受験勉強型速成教育主義で、「かく考えるべし」の強制であっても、探究解明による超克ではない。従って、否定されたものは逆に根強く潜在してしまう。そのため、現在もなお、潜在する無言の臨在感に最終的決定権を奪われながら、どうもできないのである。

ではここで、上記を証明するに足る、まことに現代的な臨在感支配の一例を記そう。考えてみれば三年前のことである。何やらややこしい紹介経路を経て、ある人と会うことになった。用件はよくわからないが、なんでもこの広い日本で、もう私以外に話す相手はなくなったと、その人は思い込んでいるのだそうである。私に会って話したって、別に、何かが解決することはあり得ないが、面会を拒否する理由は全くないから、会った。その人は私に一冊の相当に部厚い本を差し出して言った。

「いまの時点で、このことはこのように、はっきりわかっています。そしてわかっていたことを、後日の証拠とするため、これをお預かりいただきたい」

と。開いてみると、イタイイタイ病はカドミウムに関係ないと、克明に証明した専門書である。だが私は専門家でないから、内容は、批判どころか十分に理解することもできない。理解すらできないものを私は何とも評価できない。従って私が預かっても無意味だし、第一、本を出版せずに預けておくという態度に驚いた。そこで言った。

「発表すりゃ、いいじゃないですか」

　彼は言った。

「到底、到底、いまの空気では、こんなものを発表すればマスコミに叩かれるだけ、もう厚生大臣にも認定されましたし、裁判も負けましたし、この時点でこれを発表すれば、『居直り』などといわれて、会社はますます不利になるだけです。従って、せっかく出来たのですが、トップの決断で全部廃棄することになりました。しかしあまりに残念です。今の時点で、すでに事実はこれだけ明らかなのだということを、後日の証拠に、どなたかに一部だけお預けしたいと、私は個人としてはそう思っていたのですが……『文春』を拝読しまして、これは山本さん以外にはいないと思い……」

「ヘエー、だけどネ、私はおしゃべりだから、見知らぬ人から預かったことも、この内容も、平気で書くかも知れませんよ」

「どうぞ、それは一向にかまいません……」

「では、あなたが発表すればよいでしょう」

「いえ、いえ、到底、到底。いまでは社内の空気も社外の空気も、とても、とても……第一トップが、『いまの空気では破棄せざるを得ない』と申しまして回収するような有様で……（「破棄」を「出撃」と変えれば、戦艦大和出撃時の空気と同じだ）。無理もありません。何しろ新聞記者がたくさん参りまして『カドミウムとはどんなものだ』と申しますので、『これだ』といって金属棒を握って差し出しますと、ワッといってのけぞって逃げ出す始末。カドミウムの金属棒は、握ろうとナメようと、もちろん何でもございませんよ。私はナメて見せましたよ。無知と言いますか、何といいますか……」

「アハハハ……そりゃ面白い、だがそれは無知じゃない。典型的な臨在感的把握だ、それが空気だな」

「あの、リンザイカンテキ、と申しますと……」

「そりゃちょっと研究中でネ」

といったような妙な問答となった。記者を無知だといったこの人でも、人骨がざらざら出てくれば、やはり熱を出すであろう。彼はカドミウム金属棒に、何らかの感情移入を行なっていないから、その背後に何かが臨在するという感じは全く抱かないが、イタイイタイ病を取材してその悲惨な病状を目撃した記者は、その金属棒へ一種の感情移入を行ない、それによって、何かが臨在すると感じただけである。この人は、すべての日本人と同じように、福沢諭吉的伝統の教育を受けたので、諭吉がお札《ふだ》を踏んだように、〝無知〟な新聞記者を教育しその蒙を啓くため、カドミウム金属棒をナメて見せたわけである。ナメて見せることは、たしかに啓蒙的ではあって、のけぞって「ムチ打ち症」にならないためには、親切な処置かも知れぬが、この態度は科学的とはいいがたい。というのは、それをしたところで、次から次へと出てくる何らかの〝金属棒的存在〟すなわち物質への同様の態度は消失しないからである。

一体なぜわれわれは、人骨、車、金属棒等に、また逆の形で戦艦大和といった物質・物体に、何らかの臨在感を感じ、それに支配されるのであろうか。それを究明して、「空気の支配」を断ち切ることの方が、むしろ科学的であろう。

余談になるが、この奇妙な本はまだ私のところに死蔵されている。故児玉隆也氏が、イタイイタイ病について立派なルポを書かれたとき、私はこれを自分が死蔵すべきでないと感じ、氏に差し上げようと思った。ある会合でお目にかかる予定になっていたので、そのとき差し上げようと思っていた矢先に、氏の訃報に接した。氏ならおそらく、これを活用し、これをキイにして、さらに実体に迫り得ただろうと思い、またそれを細かく参照すれば、臨在感的把握のさまざまな形態と、それがどのように空気を醸成していくかの種々の過程と、それがどのように最終的結末に結びつくか、が明らかになったであろうと思い、かえすがえすも残念に思っている。

臨在感の支配により人間が言論・行動等を規定される第一歩は、対象の臨在感的な把握にはじまり、これは感情移入を前提とする。感情移入はすべての民族にあるが、この把握が成り立つには、感情移入を絶対化して、それを感情移入だと考えない状態にならねばならない。従ってその前提となるのは、感情移入の日常化・無意識化乃至は生活化であり、一言でいえば、それをしないと、「生きている」という実感がなくなる世界、すなわち日本的世界であらねばならないのである。

聖書学者の塚本虎二先生は、「日本人の親切」という、非常に面白い随想を書いておられる。氏が若いころ下宿しておられた家の老人は、大変に親切な人で、寒中に、あまりに寒かろうと思って、ヒヨコにお湯をのませた、そしてヒヨコを全部殺してしまった。そして塚本先生は「君、笑ってはいけない、日本人の親切とはこういうものだ」と記されている。私はこれを読んで、だいぶ前の新聞記事を思い出した。それは、若い母親が、保育器の中の自分の赤ん坊に、寒かろうと思って懐炉を入れて、これを殺してしまい、過失致死罪で法廷に立ったという記事である。これはヒヨコにお湯をのますのと全く同じ行き方であり、両方とも、全くの善意に基づく親切なのである。

よく「善意が通らない」「善意が通らない社会は悪い」といった発言が新聞の投書などにあるが、こういう善意が通ったら、それこそ命がいくつあっても足りない。従って、「こんな善意は通らない方がよい」といえば、おそらくその反論は「善意で懐炉を入れても赤ん坊が死なない保育器を作らない社会が悪い」ということになるであろう。だが、この場合、善意・悪意は実は関係のないこと、悪意でも同じ関係は成立つのだから。また、ヒヨコにお湯をのませたり、保育器に懐炉を入れたりするのは〝科学的啓蒙〟が足りないという主張も愚論、問題の焦点は、なぜ感情移入を絶対化するのかにある。というのは、ヒヨコにお湯をのまし、保育器に懐炉を入れるのは完全な感情移入であり、対者と自己との、または第三者との区別がなくなった状態だからである。そしてそういう状態になることを絶対化し、そういう状態になれなければ、そうさせないように阻む障害、または阻んでいると空想した対象を、悪として排除しようとする心理的状態が、感情移入の絶対化であり、これが対象の臨在感的把握いわば「物神化とその支配」の基礎になっているわけである。

この現象は、簡単にいえば「乗り移る」または「乗り移らす」という現象である。ヒヨコに、自分が乗り移るか、あるいは第三者を乗り移らすのである。すなわち、「自分は寒中に冷水をのむのはいやだし、寒中に人に冷水をのますような冷たい仕打ちは絶対にしない親切な人間である」がゆえに、自分もしくはその第三者を、ヒヨコに乗り移らせ、その乗り移った自分もしくは第三者にお湯をのませているわけである。そしてこの現象は社会の至る所にある。教育ママは「学歴なきがゆえに……」と見た夫を子供に乗り移らせ、子供というヒヨコの口に「教育的配合飼料」をむりやりつめこみ、学校という保育器に懐炉を入れに行く。そして、それで何か事故が起れば「善意から懐炉を入れたのだ、それが事故を起すような、そんな善意の通らない『保育器＝社会や学校制度』が悪い」ということになる。そしてそういわれれば、だれも一言もない。

一体、臨在感的把握は何によって生ずるのであろうか。一口にいえば臨在感は当然の歴史的所産であり、その存在はその存在なりに意義を持つが、それは常に歴史観的把握で再把握しないと絶対化される。そして絶対化されると、自分が逆に対象に支配されてしまう、いわば「空気」の支配が起ってしまうのである。ここに臨在感的把握という伝統を無視した明治以来の誤れる啓蒙主義的行き方の結果があると思うが、以上のような言い方はあまりに抽象的で意をつくさないうえ、私は元来、こういう言い方は好まないから、重複するが、次に例をあげて説明しよう。

以上の関係が最も明確に出るのは対象が物質の場合だから(いわば、感情移入による臨在感的把握の絶対化が、相互に起らない、すなわちお互いに感情移入をしあわないから)、前述の骨とカドミウム金属棒を例にとろう。日本人が、人骨に何かが臨在すると感じ、その感じが知らず知らずのうちに絶対化されて、その結果、逆に人骨に心理的に支配されて、病的状態になる。この原因は、おそらく、村松剛氏が『死の日本文学史』で指摘しているような伝統に基づく、歴史的所産であろう。すなわち、人の霊はその遺体・遺骨の周辺にとどまり、この霊が人間と交流しうるという記紀万葉以来の伝統的な世界観に基づいている。

こういう伝統は西欧にはない。ギリシャ人は肉体を牢獄と見、そこに「霊《プネウマ》」がとじこめられており、死は、この霊の牢獄からの解放であり、解放された霊は天界《エーテル》の霊界の中にのぼって行ってしまうと考えた。そして残った「牢獄」は物質にすぎない。その牢獄のまわりを霊がうろうろしていることはない。ヘブライ人の見方はこれと違い、こういう見方に非常に懐疑的な一面があったことは、旧約聖書のコーヘレスの書の「人の霊が天に昇るなどというが、そんなことはだれに証明できよう」といった意味の言葉にも表われている。とはいえ、ヨセフスの『ユダヤ戦記』は、最も伝統的と自己規定したエッセネ派の考え方が、ギリシャ人と極めてよく似た考え方であったことを記している。従って両者の差は、別の研究課題であるが、しかし、少なくとも両者には共に、人骨に何かが臨在すると見る伝統はない。ただこういう伝統は、日本であれ西欧であれ地下水の如くに絶えまなく執拗に流れつづけているにしろ、その存在の証明は、村松氏の著作のような膨大な文献による裏付けを必要とする。

この点、カドミウム金属棒は、それへの臨在感的把握の絶対化、その絶対化に基づく、金属棒による被支配と、それに至る歴史的過程が非常に明確にきわめて短期間に出ているから、長い歴史に基づきかつ表面に表われにくい人骨よりわかりやすい。もっとも、わかりやすいということは、その醸成の歴史的過程がすぐわかるからだが、しかし反面その「空気」は簡単に雲散霧消してしまうので、別な面で、すぐわからなくなるという欠陥がある。いずれにせよ、イタイイタイ病発生以前に、カドミウム金属棒を見て記者がのけぞることも、逃げ出すことも、またそれに対して金属棒をナメて見せる必要も、絶対にありえないであろう。従ってこの歴史は人骨と比べるときわめて新しくかつ短い。

文明開化の明治以降の出来事なのである。カドミウム鉱山は世界に数多いが、イタイイタイ病が存在するのは神通川流域だけだそうである（もっとも、私自身それを調べたのではないから確認はできないが）。もちろんカドミウム金属棒は、普通の金属棒であって、それから何かが発散しているわけではない、遺跡の人骨という物質と同じである。こんなことは、小学生にもわかる科学的常識であろう。従っていま、イ病について何も知らず「科学的常識」しか持たぬ外国人と、前述の日本人記者とが、同席で「あの本の持参者である某氏」と記者会見したとする。カドミウム金属棒が出される。これはだれにとっても同じ物質すなわち「金属棒」にすぎない。それは人骨が、だれにとっても同じ「物質」にすぎないのと同じである。ところが日本人記者団はのけぞって逃げ出した。何でもありませんと言って某氏はペロリと金属棒をナメた。この状態は、そこに同席した外国人記者団にとって、全く理解できない状態であろう。そしてもしこの金属棒を、発掘場の人骨のように、毎日毎日運搬させたら、日本人記者団の方はおそらく熱を出し、外国人の方は平然としているであろう。

この状態の差は、言うまでもなくその時点までの「イ病史」という「写真と言葉で記された描写の集積の歴史」の所産である。もちろんそのことは、その歴史の内容の価値とは関係ない。記者たちは、イ病の悲惨な状態を臨在感的に捉え、そう捉えることによって、この悲惨をカドミウム金属棒に「乗り移らせ」（すなわち感情移入し）、乗り移らせたことによって、その金属棒という物質の背後に悲惨を臨在させ、その臨在感的把握を絶対化することによって、その金属棒に逆に支配されたわけである。絶対化されているから、この際、自分と同じ人間がその金属棒を平然と手にしていることは忘れられる。これは人骨処理でも同じである。従ってこの図式を悪用すれば、カドミウム金属棒を手にすることによって、一群の人間を支配することが可能になるのである。言うまでもなくこれが物神化であり、それを利用した偶像による支配であるが、明治以来の啓蒙された〝科学化〟された現代人は、これを「カドミウム金属棒の振りまく」「その場の空気」に支配されて、思わずのけぞったり逃げ出したりした、と表現するわけである。もちろんカドミウム金属棒はその一例にすぎず、対象は前述した自動車でも、またその他のどんな物質でも可能であり、昔の人の表現を借りれば、「イワシの頭」で十分なのである。

神という概念は、元来は「恐れ」の対象であった。多くの神社は、悲惨を体現した対象がその悲惨を世にふりまかないように、その象徴的物質を御神体として祭ってなだめている。従って、カドミウム金属棒を御神体とする「カドミ神社」の存立は可能である、というよりむしろ、ある「場」にはすでに存立したのであり、昭和の福沢諭吉は、それが御神体ではありえないことを証明するため、ナメてみせたわけである。そして、この物神化と、イタイイタイ病の科学的究明および「究明史」とは全く無関係なのである。この「無関係」の意味は、たとえ両者が医学的に関係があっても「無関係」の意味である。

そしてこれを無関係と断じ、人類が偶像支配から独立するため、実に長い苦闘の歴史があり、多くの血が流されたわけであった。それは、臨在感的把握の絶対化によってその対象を物神化し、それによってその対象に支配される者、いわば「カドミウム金属棒の発する空気に支配される者」を異端と宣告し、それは、「カドミウム公害究明史」とその成果に関係なきものとして排除することによって、はじめて成り立つものであった。

そしてそれは、われわれにとって実にわかりにくい、初代キリスト教徒の正統・異端論争の背後にある問題である。いわば、カドミウム公害と最も熱心に取りくみ、その悲惨を知りつくしている（乃至は知りつくしていると自認している）がゆえに、その金属棒に、その「究明という自己の歴史」の歴史的所産として、対象を、その悲惨の臨在感的把握でしか捉え得なくなった者、従ってその把握を絶対化せざるを得なくなったもの、いわば「最もまじめで、熱心で、真剣なもの」、当時の状態で表現すれば、その物神への信仰の最も篤きものを、その物神をたとえキリストと呼んでも、逆に、異端として断罪し、排除するという結果になったからである。だがそれをしなければ、しなかったものは、物神の支配すなわち空気の支配から逃れることは、永久にできない。だがこの問題は後にゆずるとして、上記のような空気支配が、どのような形をとると完成するかを記すことにしよう。

四

いままでのべた例は、簡単にいえば「空気の一方向支配」の例、言いかえれば、臨在感的把握が絶対化される対象を、仮に一つとし、しかも相互の感情移入による相互の臨在感的把握が起りえない、最も単純化された場合である。だがわれわれの現実世界はそのように単純でなく、人骨・カドミウム金属棒・ヒヨコ・保育器の内部・車等々は、あらゆる方向に、臨在感的把握を絶対化する対象があり、従って各人はそれらの物神によりあらゆる方向から逆に支配され、その支配の網の目の中で、金縛り状態になっているといってよい。それが結局、「空気」支配というわけだが、その複雑な網の目を全部ときほぐすわけにいかないから、まず、二方向・二極点への臨在感的把握を絶対化し、その絶対化によって逆にその二極点に支配されると、それだけで人が完全に「空気に支配され」て、身動きできなくなる例をあげよう。この例は、日本が重要な決定を下すとき、たとえば日華事変の本格化、太平洋戦争の開始、日中国交回復等に、必ず出てくる図式である。

だがここでは、現在において、まず明確に残っている最高の例と思われる西南戦争をとろう。これならば、すでに歴史上の事件であるし、戦ったのは同じ日本人同士だし、従って外交的配慮から虚報を「事実だ」と強弁する必要もないし、事実としなければ反省が足らんと言われることもあるまい。またどちらを仁徳にあふれる神格化的存在としようと、どちらをその対極にある残虐集団と規定してあろうと、共に日本人だから、どこからも文句は出まい。歴史上の事件で国内事件の場合は、こういう点で、いわば「無害化」されているので、非常に扱いやすい。そしてその基本的図式は、実は現代と全く同じである点で格好のサンプルである。

西南戦争は、いうまでもなく近代日本が行なった最初の近代的戦争であり、また官軍・賊軍という明確な概念がはじめて現実に出てきた戦争である。こういう見方は、戦国時代にはない。同時に、大西郷は、それまで全国民的信望を担っていた人物である。従って西郷危うしとなれば、全国的騒乱になりかねない、否、少なくとも「なりかねないという危惧」を明治政府の当局がもっていた戦争である。ということは「世論」の動向が重要な問題だった最初の戦争であり、従ってこれに乗じてマスコミが本格的に活動し出し、政府のマスコミ利用もはじまった戦争である。元来日本の農民は、戦争は武士のやることで自分たちは無関係の態度(日清戦争時にすらこれがあった)だったのだが、農民徴募の兵士を使う官軍側は、この無関心層を、戦争に「心理的参加」させる必要があった。従って、戦意高揚記事が必要とされ、そのため官軍＝正義・仁愛軍、賊軍＝不義・残虐人間集団の図式化を行ない、また後の「皇軍大奮闘」的記事のはしりも、官軍は博愛社により敵味方を問わず負傷者を救う正義の軍の宣伝もはじまった。いわば、日中国交回復に至るまでの戦争記事の原型すなわち「空気醸成法」の基本はすべてこのときに揃っているのである。

まず西郷軍「残虐人間集団」の記事が出る。次に掲げるのは、そのほんの一例である。

〈官兵を捕へて火焙りの極刑・酸鼻見るに堪へず〉

〔九・二五　郵便報知〕賊徒が残酷無情なるも斯く迄にはあらじと思へど、此頃戦地より帰りし者が其惨虐を見たりとて語りしを又伝に聞きたるに、何つ頃の戦ひにや、七八人の官兵賊に獲られ、珠数繋になして某神社の境内に率き行き大樹の下に繋ぎしが、賊兵等が打寄り語り合ふに、頭を刎ね腹を割き生肝を撮み出しても興なし、何にか面白き趣向はと耳に口寄せ私語《ささや》き、社前に在る銅華表《とりい》を中頃より二つに切り、そが中に山の如く炭火を燃き、真赤になりし時、天に叫び地に哭する生虜を一人〳〵に駈り立て、左右より手取り足取り此火柱を抱かせ炙り殺したる有様は、知らぬ漢土の昔し語り、殷紂夏桀が炮烙の刑も斯くやと思はるる計り、既に陸軍の属官某も此刑場に焼殺されしと。

こういう記事を次から次へと読まされると、日中国交回復前の「日本人残虐民族説」にも似た「鹿児島県人残虐民族説」が成り立ちそうだが、ちょっと注意して読めば、これが創作記事であることは、だれにでもすぐに見抜けるであろう。まず「酸鼻見るに堪へず」という表題は、まるで自分が目撃したか、目撃者に直接取材したかの印象を与えるが、事実は、目撃者「証人」は、不明なのであって「見たりとて語りしを又伝に聞きたる」と伏線がはってある。「事実か否か、調べるから目撃者に会わせろ」と西郷側かそのシンパから言われても（それはまず起りえないが）それは不明で押し通せる。第二に「何つ頃の戦ひにや」で「時日」が明らかでなく、「某神社の境内」で場所が明らかでない。それでいて、賊の描写はまことに具体的で、あたかも見て来たかの如くに書いている。さらに、事件はこれだけでないという形で信憑性をもたすため「既に陸軍の属官某も此刑場に焼殺されし」としているが、その人名・階級・日時も明らかでない。またおかしいのは、「既に……」同じ刑なら、「銅華表を中頃より二つに切り」は、そのときに行なわれていて、今回はそれをそのまま利用したはず、さらに、これがはじめての試みでないなら、まるで見てきたように書いている〝賊〟の相談の状態は明らかにおかしい。その相談の描写は、今までやったことのない新趣向でやろうという相談のはず、そうでなければ「何にか面白き趣向はと……」と相談してから銅華表を二つに切ることはありえない。従ってこれは『私の中の日本軍』で分析した「百人斬り競争」や「殺人ゲーム」の嚆矢ともいうべき記事である。非常に残念なことに、日本の新聞には、一世紀に近い、この種の記事を創作する伝統があると見なければならない。この記事は一八七七年だからである。もちろん残虐記事は前述のようにこれだけでなく、「官軍の戦死者の陰茎を切ってその口にくわえさす」「強姦輪姦言語外の振舞」等様々の趣向をこらして創作しているのは、うんざりする。

言うまでもないが、このような形で西郷軍を臨在感的に把握し、その把握を絶対化すれば、西郷軍は「カドミウム金属棒」すなわち、即座に身をひるがえしてそれから去るべき、神格化された「悪」そのもの、いわば「悪の権化」になってしまう。従って、当初は西郷側に同情的だったものも、また政府と西郷の間を調停してすみやかに停戦して無駄な流血をやめよと主張したものも、その上で西郷と大久保を法廷に呼び出して理非曲直を明らかにせよと上申していた者も、すべて「もう、そういうことの言える空気ではない」状態になってしまう。というより、おそらく、そういう空気を醸成すべく政府から示唆された者の計画的キャンペーンであったろう。

一方これの対極は、いうまでもなく神格化された「善」そのもの、「仁愛」の極である天皇と官軍である。そしてそれへの臨在感的把握を絶対化するためしばしば大きく紙面に登場するのが博愛社である。次にその一部を引用するから、前述の「賊軍残虐人間記事」と対比して読んでほしい。

〈一旦頓挫したる博愛社愈々設立さる——佐野常民大給恒の主唱——〉

〔六・二七　郵便報知〕……聖上至仁大ニ宸襟ヲ悩シ玉ヒ、屢々慰問ノ便ヲ差セラレ、皇后宮亦厚ク賜フ所アリタル由、臣子タル者感泣ノ外ナク候、就ハ私共此際ニ臨ミ……不才ヲ顧ミズ一社ヲ結ビテ、博愛ト名ケ、……社員ヲ戦地ニ差シ、……官兵ノ傷者ヲ救済致シ度志願ニ有之候、且又暴徒ノ死傷ハ、官兵ニ倍スルノミナラズ、救護ノ方法モ不相整ハ言ヲ俟タズ、往々傷者ヲ山野ニ委シ、雨露ニ暴シテ収ムル能ハザル哉ノ由、此ノ如キ、大義ヲ誤リ、王師ニ敵スト雖モ、亦皇国ノ人民タリ、皇家ノ赤子タリ、負傷座シテ死ヲ待ツ者モ捨テ顧ミザルハ人情ノ忍ビザル所ニ付、是亦タ収養救治致シ度……朝廷寛仁ノ御趣意、内外ニ……。

こういう形で、官軍を臨在感的に把握しそれを絶対化する。すると人びとは、逆にこの神格化される対象に支配されてしまい、ここに、両端の両極よりする二方向の「空気」の支配ができあがるのである。こうなると、人びとはもう動きがとれない。そして全く同じ図式は日中国交回復のときにもつくられた。

今から三十年ぐらいたてば、日中国交回復の方法に、さまざまな批判が出るであろう。もちろん、何事であれ、後代の批判を免れることはできないから、それはそれでよい。ただそのときの田中元首相の言葉はおそらく「あのブーム時の空気では、ああするよりほかはなかった」「あの当時の空気を思い起すと、あれでよかったのだと当時も今もそう思っている」「当時の空気を知らない史家や外交評論家の意見には、一切答えないことにしている」という「戦艦大和出撃批判への関係者の答弁」と同じことになるであろう。

さてここで、空気支配のもう一つの原則が明らかになったはずである。それは「対立概念で対象を把握すること」を排除することである。対立概念で対象を把握すれば、たとえそれが臨在感的把握であっても、絶対化し得ないから、対象に支配されることはありえない。それを排除しなければ、空気で人びとを支配することは不可能だからである。この言い方も抽象的だから、具体的な例をあげよう。

たとえば、一人の人を、「善悪という対立概念」で把握するということと、人間を善玉・悪玉に分け、ある人間には「自己のうちなる善という概念」を乗り移らせてこれを「善」と把握し、別の人間には「自己の内なる悪」という概念を乗り移らせてこれを「悪」と把握することとは、一見似ているように見えるが、全く別の把握の仕方である。たとえ両者とも臨在感的な把握であっても、一方は、官軍・賊軍ともに、善悪という対立概念で把握し、他方は、官軍は善、賊軍は悪と把握していれば、この両者の把握が全く違った形になるのは当然であろう。従って、「善悪という概念をもっているから、世界いずれの民族でも、対象を善悪で把握する点では同じだ。ただ善悪の基準が違うだけだ」ということにはならない。ここにも、明治的誤解が未だにそのまま残っている。前者はすなわち「善悪という対立概念」による対象把握は、自己の把握を絶対化し得ないから、対象に支配されること、すなわち空気に支配されることはない。後者は、一方への善という把握ともう一方へのその対極である悪という把握がともに絶対化されるから、両極への把握の絶対化によって逆に自己を二方向から規定され、それによって完全に支配されて、身動きができなくなるのである。言いかえれば、双方を「善悪という対立概念」で把握せずに、一方を善、一方を悪、と規定すれば、その規定によって自己が拘束され、身動きできなくなる。さらに、マスコミ等でこの規定を拡大して全員を拘束すれば、それは、支配と同じ結果になる。すなわち完全なる空気の支配になってしまうのである。さらにこれが、三方向・四方向となると(日中国交回復のときは、大体、四方向の対象の臨在感的把握の絶対化に基づく四方向支配と私は考えている)もうだれも、その「空気支配」に抵抗できなくなるのである。

さて、ここで問題克服の要点は二つに要約されたと思われる。すなわち一つは、臨在感を歴史観的に把握しなおすこと、もう一つは、対立概念による対象把握の二つである。それについては次章でのべることにしよう。

五

また少々「公害問題」を取り上げさせていただく。いままで「空気」の研究の素材に主として海軍と公害を取り上げてきたが、こういう結果になったのは、この二つが、「科学的なデータ」と「醸成された空気」との誤差が非常にわかりやすいからだ、という理由にすぎず、この二つが空気支配の典型だというわけではない。これらの部門は、元来、専門家が科学的根拠だけで決定すれば、「大過ない」決定になるはずだが、それさえ結局、全く奇妙な「空気」の決定になっている。こうなると、これらより格段に「データ」と「空気」の誤差がわかりにくい部門となると、「意志決定はすべて空気に委ねる」が、「それが何らかのデータに基づいているように見せる」のが実情であっても不思議ではない。ただそれが、明確につかみにくいだけである。

海軍にも国際性があったわけだが、同じように科学上のデータにも「国際性」がある。従ってその国際的基準を基に日本の決定を再検討すれば、「空気の決定」の実態が明らかになる。しかしタテマエとしては日本における基準の決定はあくまでも「科学的根拠」によるのであって「空気」によるのではないことになっているから、外国からその科学的根拠を問われると、だれも返答できないことになってしまう。

この点で、『誤ったNO_2基準に国際不信広がる——科学的疑惑に回答せよ』（「正論」昭和五十年十月号）という清浦東工大名誉教授の論文は大変に興味深い。同教授の指摘する問題点の背後にあるものこそ、「空気の決定」であろう。以下に少し引用させていただく（……は中略）。

……環境科学の分野では、今春以来二回にわたり欧米諸国を歴訪してみて、日本の科学界への強い不信感がますます拡大しつつあるのを知り実に残念でならない。しかも、欧米では日本との情報交流を求めて手を差し延べているのに、それを拒んでいるのがわが国環境庁と関係科学者の一部であることを知り遺憾というほかはない……。わが国のNO_2環境基準の誤謬についてはすでに各方面から指摘されているが、……米国議会上院において、「日本のNO_2基準設定に際しての科学的根拠となった専門委員会報告書記載の医学論文が数々の科学的誤謬を犯したもので、医学的に全く承認できないものである」と米国環境保護庁のシャイ博士によって指摘証言されている……（春日大気保全局長は「シャイ博士の意見にはいくつかの誤解がある」と問題をスリ替えている）……ところが、日本のNO_2基準の誤謬を指摘しているのはシャイ博士だけではない……米国科学アカデミーの報告書『大気汚染の健康への影響』の中でも、日本のNO_2基準設定の基礎となった疫学的研究の誤謬を強く指摘する三ページにわたるデータを織込んだ論文が掲載されている……さらに驚いたことは、米国政府の報告書の中で「日本側に対して疫学研究の原著の提供を要請したが未だに入手できない」と記載され……筆者が訪米の際にも、「日本のNO_2基準設定の根拠となった疫学調査の資料の提供を環境庁あるいは基準設定専門委員会に対して二年も前から丁重に申しいれているがいっこうに返信がない」という不満を米国環境保護庁や関係学界の科学者から再三聞かされた。こうしたことが米国内で日本の政府と科学界に対する不信感をいっそう強めている……環境庁は日本を公害行政先進国と誇り、世界に範を垂れるという自負を抱いているようである。そして、『環境白書』では環境科学の国際協力を高らかに謳っているのである。国際協力が必要であり、日本の基準に自負があるならば、なぜ、米国の政府および科学界の要請に対して未だ資料を提供しないのであろうか。国際慣習に反して資料を送らず、一方では「米国側に誤解がある」などと国会で問題をスリ替える答弁をして国民をごま化し、また、あたかも米国のNO_2基準の設定に非があるかのように捏造して批判をかわそうとしているのは、あまりにも日本側の誤謬が明白であり、NO_2基準がそれに立脚しているので釈明できないためであると国民に解釈されてもしかたないであろう……。

大分長く引用させていただいた。ここで私が検討したい問題は、まず第一に、政府がこの問題をどう処理すべきかであり、第二の問題はこのような結論を出すに至る道程における「空気醸成」の行程がどのような型《パターン》で、それが過去のさまざまの似たような結論、その結論に基づく決定に至る型と、どのような点が同じかということである。

まず第一の問題だが、「国際性を謳い」あげながら、相手の要請に対して資料はおろか返書も送らずに、二年も放置しておくのは大変に失礼であり、これでは、国際的信用を徹底的に喪失することになると思う。国際的信用を失えば、それは国内にはねかえって、国民の信用も失うことになる。資料であれ商品であれ、技術であれ、それが国際性をもつ場合は、このはねかえりは当然に起る現象であって、「アメリカで欠陥車なら日本でも欠陥車」と同じことであろう。従って、環境庁は早速に返事を書くべきだと思う。その文面の一案をのべれば、

「日本ではこういう問題に最終的決定を下すものは〝空気〟であり、科学的根拠といわれるものはこの空気に適合するごとく再構成されるのが通常であるから、この科学的根拠のみを取りあげて『数々の科学的誤謬を犯したもの』とするシャイ博士をはじめとする多くの機関の批判は承服できない。われわれは、かつての豊田連合艦隊司令長官のように『そのときの空気を知らないものの批判には一切答えないことにしている』と答えるだけである」

となるのではないかと思う。さらにそれに『公害問題の真相を衝く』の連載をしてきた「実業の日本」誌編集長吉田信美氏の、この「大過に充ちた」公害行政のやり方が「……第二次世界大戦前夜、アメリカの実体認識も十分にせず、猪突猛進していった陸軍の単細胞的敢闘精神に似たもの……」にはじまる解説（「月曜評論」）をつければ、それで十分に理解されるのではないかと思う。

といえば最初に出てくるのが、おそらく「その〝空気〟は何と英訳すればよいのか。エアーで意味が通ずるのか」という質問だと思う。〝空気〟などというものは日本にしかないから、外国語に訳せるはずはないと誤解している人もいるのかもしれぬ。しかし心配は御無用。〝空気〟の存在しない国はないのであって、問題は、その〝空気〟の支配を許すか許さないか、許さないとすればそれにどう対処するか、にあるだけである。従ってこの〝KŪKI〟とは、プネウマ、ルーア、またはアニマに相当するものといえば、ほぼ理解されるのではないかと思う。

これらの言葉は古代の文献には至る所に顔を出す。もちろん旧新約聖書にも出て来ており、意味はほぼ同じ、ルーア（ヘブライ語）の訳語がプネウマ（ギリシャ語）でその また訳語がアニマ（ラテン語）という関係にもなっており、このアニマから出た言葉がアニミズム（物神論？）で、日本では通常これらの言葉を「霊」と訳している。しかし原意は、希英辞典をひけば明らかなようにwind（風）、air（空気）である。「霊」という日本語訳聖書の訳語は明治のはじめの中国語訳聖書からの流用（？）だと思われるが、中国語の「霊」には、日本語の幽霊の「霊」のような意味合いはないそうで、その場合には「鬼」を使うそうである。訳語というのは全くむずかしいものだと思う。聖書のさまざまな試訳には、この語を「風《れい》」とか「霊《かぜ》」とかのルビつきで訳しているものもあるが、このことが、この言葉の翻訳のむずかしさを示しているであろう。

原意は「風・空気」だが、古代人はこれを息《いき》・呼吸・気・精・人のたましい・精神・非物質的存在・精神的対象等の意味にも使った。また言霊《ことだま》の〝たま〟に似た使い方もある。そしてそれらの意味を全部含めて原文を読むと、ちょうどわれわれが「あの場の空気では……」という場合の〝空気〟のように人びとを拘束してしまう、目に見えぬ何らかの「力」乃至は「呪縛」、いわば「人格的な能力をもって人びとを支配してしまうが、その実体は風のように捉えがたいもの」の意味にも使われている。従って私はそういう用法での原意はほぼ〝空気〟であろうと思っている。

人が、宗教的狂乱状態いわばエクスタシーに陥る、またブームによって集団的な異常状態を現出するのは、この空気《プネウマ》の沸騰状態によるとされている。こういう記事の文脈のプネウマにその原意通りの空気を〝空気〟の意味であてはめて行くと、それはもはや古代の記述とは思えぬほどの現実味をおびてくる。彼らも、この非常に奇妙な「空気の支配」なるものが、現に存在することを知っていた。従って、日本の公害基準はプネウマが決定したのだと返事を書けば、彼らは理解するであろう。同時にこれが、宗教的決定であることも知るであろう。そうならば、北条誠氏の記事「自動車魔女裁判」が、異端審問と同じ形であって、少しも不思議でないわけである。

プネウマの出てくる記述を読んでいくと、「なるほど、こういうことを書くのが本当のリアリストなのだな」と思う。彼らは霊《プネウマ》といった奇妙なものが自分たちを拘束して、一切の自由を奪い、そのため判断の自由も言論の自由も行動の自由も失って、何かに呪縛されたようになり、時には自分たちを破滅させる決定をも行なわせてしまうという奇妙な事実を、そのまま事実として認め、「霊《プネウマ》の支配」というものがあるという前提に立って、これをいかに考えるべきか、またいかに対処すべきかを考えているのである。

一方明治的啓蒙主義は、「霊の支配」があるなどと考えることは無知蒙昧で野蛮なことだとして、それを「ないこと」にするのが現実的・科学的だと考え、そういったものは、否定し、拒否、罵倒、笑殺すれば消えてしまうと考えた。ところが、「ないこと」にしても、「ある」ものは「ある」のだから、「ないこと」にすれば逆にあらゆる歯どめがなくなり、そのため傍若無人に猛威を振い出し、「空気の支配」を決定的にして、ついに、一民族を破滅の淵まで追いこんでしまった。戦艦大和の出撃などは〝空気〟決定のほんの一例にすぎず、太平洋戦争そのものが、否、その前の日華事変の発端と対処の仕方が、すべて〝空気〟決定なのである。だが公害問題への対処、日中国交回復時の現象などを見ていくと、〝空気〟決定は、これからもわれわれを拘束しつづけ、全く同じ運命にわれわれを追い込むかもしれぬ。

六

福沢諭吉——どうも彼を目の敵にするような結果になるが、彼だけでなく、あらゆる意味の明治的啓蒙家――が行なったことは、下手なガンの手術と同じで、「切除的否定」で「ないこと」にしたものが、逆に、あらゆる面に転移する結果になってしまった。さらに悪いことに、戦後もう一度、同じような啓蒙的再手術をやっている。そのため、科学上の決定までが空気支配の呪縛をうけ、自由は封じられ、科学的根拠は無視され、すべては常に「超法規」的にまた「超科学根拠」的に決定されることになってしまった。超科学根拠的決定は何もNO_2基準だけではないし、超法規的決定は、何もクアラルンプール事件ではじまったことではない。その例をあげればきりがないが、ここではまず明治の一件と、戦後の二、三件を検討してみよう。

福沢諭吉はお札《ふだ》は踏めたが、これは「過去のお札」だから踏めたのである。それ自体は何ら根本的解決ではないから、すぐに彼にも絶対に踏めない「文明開化」の新しいお札が出てくる。教育勅語であり、御真影である。〝科学的〟な言い方に従えば、双方とも紙であり、一方は印刷インキ、一方は感光液がついているだけの物質である。彼によれば、物質はあくまでも物質であって、人がそれに何らかの臨在感を感じるなら、感じるのが野蛮なはずである。ところが、その〝科学的根拠〟によりそれを単なる「物質」だと規定すれば、規定したものは超法規的に処罰されてしまうのである。このことは、内村鑑三不敬事件のときのキリスト教会の代表的人物、植村正久の論評によく表われている。

……人間の儀礼には、道理の判然せざるもの尠からずと雖も、吾人は今日の小学中学等に於て行はるる影像の敬礼、勅語の拝礼を以て殆んど児戯に類することなりといはずんばあらず。憲法にも見えず、法律にも見えず、教育令にも見えず、唯当局者の痴愚なる頭脳の妄想より起りて、陛下を敬するの意を誤まり、教育の精神を害し、其の間に多少の紛議を生ずべき習慣を造り出し、明治の昭代に不動明王の神符、水天宮の影像を珍重すると同一なる悪弊を養成せんとす。吾人は敢て宗教の点より之を非難せず、皇上に忠良なる日本国民として、文明的の教育を賛成する一人として、人類の尊貴を維持せんと欲する一丈夫として、かかる弊害を駁撃せざるを得ず、之を駁するのみならず、中等学校より、是等の習俗を一掃するは国民の義務なりと信ずるなり、(第一高等学校は内村)氏に勧告して辞表を差出さしめたりと聞く。勅語の礼拝は、如何なる法律、如何なる教育令によりて定められたることとなるや。事の大小こそ異なれ、運動会等の申合せと毫も異なることなく、全く校長其他自余の人々の頭脳より勝手に案出せるものに過ぎざるなり。これが為に教授の職を解くに至る吾人は其の理由を知るに苦しまざるを得ず。

勅語の拝読を慎むは権威を重ずるの趣意に出しことならん。学校の秩序を保ち、慎重従順の風を養成するの結構ならん。其の策の得失は吾人之を論ぜず。然れどもこの一事に重みを置き、之が為に一人の教諭を免ずるに至る程に熱心なる学校は、何故に生徒のモッブ然たるを不問に置くや、何故に壮士的の運動を擅《ほしいまま》にせしめたるや、何故に秩序を紊るの行を容赦するや、何故に生徒を恐れ、生徒の意を迎ふるに汲々たるや……。

以上の記述は、この事件が〝学生運動〟に屈した学校当局の超法規的処理であることを示している。と同時に、明治的啓蒙主義（これは結局、昭和的啓蒙主義も同じことだが）は、結局、新しい「不動明王の神符」「水天宮の影像」には全く無力であり、それらが法律以上の力をもち、それへの感情移入を絶対化した臨在感が醸成する〝空気〟という呪縛は、人びとを狂乱状態《エクスタシー》に陥れ、「モッブ然」としても、不問に付せざるを得ないだけでなく、その対象とされた人間からあらゆる法の保護を剝奪し、本人に餓死を覚悟させるほどに徹底的なことを示している。私は、日本人が宗教的に寛容だという人に、この例を話す。これはどうみても寛容ではなく、ある「一点」に触れた場合は、おそるべき不寛容を示し、その人の人権も法的・基本的権利も、一切無視して当然だとするのである。それは寛容だと見えるものも寛容ではなく、不寛容の基準が違うにすぎないことを示している。その基準の違いは後述するとして、先へ進もう。

言うまでもなく、この場合、「影像」を臨在感的に把握し、その把握を絶対化することによって、空気の支配が確立し、それが全日本人を拘束しているわけである。そしてこれが、その対象が御真影と勅語だからでないことは、同じ状態とそれに基づく不寛容が戦後にもあらわれていることが示している。言うまでもないが、植村の論法の基本は、対象の対立概念による把握いわば相対化の一種であって、勅語と不動明王の神符、御真影と水天宮の影像という形で対象を相対化している。相対化された対象は、その臨在感的把握の絶対化ができないから、対象による被支配はなくなり、従って〝空気〟は消失してしまう。これは空気への抵抗の一つの基本型である。そしてそのことは、空気を醸成して〝空気支配〟を完成しようとする者にとって、あらゆる手段で排除すべき者は、対象を相対化する者であることを示している。

前述の吉田信美氏は次のように言っている。

……いまでも考え続けていることは、なぜこんなに「大過に充ちた」公害行政が生まれてきたのかという根本問題である。結論的にいうと、どうも日本人の気性に根ざしているような気がしてならないのだ。三十六年に四日市にぜんそく患者が大量に発生し……（その後いろいろあって）……杉並区と世田谷区で光化学スモッグが発生すると瞬間的に自動車攻撃がはじまり、年末の国会では公害対策基本法が改正されて「経済の健全なる発展との調和」を図るという項目が削除されてしまった。なぜ、こんなにあわてて重要事項を削ってしまったのだろうか。熱しやすいにもほどがあるのだ。この……項目が削除されたことは、その後の環境行政の方向を誤らしめた重大過失だったと思う。

この、公害問題を追及しつづけた人の結論は、さすがに鋭い。氏は、その「大過」の基本的原因を、前述の一項目の削除――すなわち「経済の発展」と「公害問題」という相対立するものを対立概念で捉えることを拒否し、相対化されていた対象を、一方を削除することにより、「公害」の方を絶対化してこれを臨在感的に把握して、「熱しやすい」すなわちブーム的絶対化を起した、という点においているのである。問題はここなのだ。対象の相対性を排してこれを絶対化すると、人間は逆にその対象に支配されてしまうので、その対象を解決する自由を失ってしまう、簡単にいえば、公害を絶対化すると公害という問題は解決できなくなるのである。そしてこの関係がどうしても理解できなかったのが昔の軍部なのである。

吉田氏もここで軍部に言及し、さらにつづけて、

「僕は自分が日本人だから、いまさら好きだ嫌いだといってもはじまらないのだが、こういう環境行政のおっちょこちょいぶりをみていると、それが日本人の気性の一面に基因しているような気がして、じつに嫌な気分に襲われるのである」

という。だが、公害問題に取り組んだ人たちは、みな、まじめで真剣なのである。また昔の青年将校も、実にまじめで真剣であった。それは否定できない。だが、氏の言う通り「おっちょこちょい」なのである。なぜか、私はここで周恩来首相が田中元首相に贈った言葉を思い出す。「言必信、行必果」(これすなわち小人なり)と。この言葉ぐらい見事な日本人論はない。この言葉はおそらく全日本人への言葉だと思うが、これを「小人《おっちょこちょい》」と読めば、何と鋭く日本人なるものを見抜いたものだろうと、思わず嘆声が出る。「やると言ったら必ずやるサ、やった以上はどこまでもやるサ」で玉砕するまでやる例も、また臨在感的把握の対象を絶えずとりかえ、その場その場の〝空気〟に支配されて、「時代先取り」とかいって右へ左へと一目散につっぱしるのも、結局は同じく「言必信、行必果」的「小人」だということになるであろう。大人とはおそらく、対象を相対的に把握することによって、大局をつかんでこうならない人間のことであり、ものごとの解決は、対象の相対化によって、対象から自己を自由にすることだと、知っている人間のことであろう。

だが非常に困ったことに、われわれは、対象を臨在感的に把握してこれを絶対化し「言必信、行必果」なものを、純粋な立派な人間、対象を相対化するものを不純な人間と見るのである。そして、純粋と規定された人間をまた臨在感的に把握してこれを絶対化して称揚し、不純と規定された人間をもまた同じように絶対化してこれを排撃するのである。この基準でいけば、植村正久もまた実に不純な人間ということになり、そしてそれへの排撃の〝空気〟を恐れる者は、みな、口をつぐんでしまうのである。だが、考えてみれば不倒翁・周恩来首相自身、絶対にこの種の〝純粋〟という概念にあてはまる人間ではない。一方、「経団連をデモで包囲して全工場をとめて公害を絶滅せよ」という玉砕主義を主張する者は、確かに〝純粋〟である。だがこれで公害が絶滅したということは、「公害という問題が解決した」ことではない。それは人が死ねば病気はなくなるということと同じで、「病気という問題の解決」とは無関係なのである。

なぜこうなるのか。問題はまたはじめにもどる。この臨在感的把握の絶対化に基づく対象による被支配が、もっとも明確に出てくるのが、「死の臨在による」支配なのである。帝国陸軍の絶対的支配の基本がこれであったことは『一下級将校の見た帝国陸軍』（朝日新聞社刊）で詳説したので再説しないが、これが、戦後の民間にも明確に出てくるのが各種の「遺影デモ」およびそれと同様の行き方である。御真影であれ故人の遺影であれ、これは、福沢諭吉的にいえば紙と感光液だけの物質であり、足で踏もうがやぶこうが、物質は物質にすぎないはずである。もしこの教えに忠実ならば、その現場でやってみればよい。その人がうける超法規的処罰は、おそらく今でも、内村鑑三がうけたそれの比ではないであろう。三井金属が、超法規的に「憲法で保障された上訴の権利」

を放棄させられたときにもこれがあったときくが――最初にのべたように、人骨を扱えば原因不明の発熱をするという伝統にある日本民族にとって、この方法は、実に決定的なのである。それは、北条氏の記す「自動車魔女裁判」の中に、やはり、NO_2とは無関係の交通事故の遺児のことが、一種の「死の臨在」として登場しているので明らかであろう。こういう場合「科学的根拠に関係ないことを持ち出すな」などということは、「遺影は物質で無関係だ」という言葉同様、その言葉を口にしたものが超法規的に処断されてしまうだけのことである。従って、植村正久的勇気がない限り、だれも何も言えなくなる。

そしてその力は、遺影デモの現場にいた者だけでなく、報道を通じてそれを臨在感的に把握させられたすべてのものを拘束してしまって、相対化によって対象から自由になり、それで「問題」を解決する能力を、全員に喪失させてしまうのである。日華事変拡大の発端となった通州事件とその報道は、まさに「遺影デモ」と同じ力、否、それ以上の決定的な力で全日本人を拘束した。当時の新聞記事と遺影デモの記事とを読みくらべ、「遺影デモ」の拘束力を思い返してもらえば、あの時の力がいかに決定的に作用したかが、すべての人に実感としてつかめて、その空気支配に慄然としてくるであろうと思う。これは、戦艦大和出撃などとは比較にならない。そしてそれは、御真影や遺影デモの写真を〝物質扱い〟にした者への超法規的処罰の比ではあるまい。「餓死を覚悟」どころか、本当に殺されてしまう。それは事件の臨在感的把握を相対化しそうな片言隻句すら許さぬほどものすごかった。だがそうなれば、その対象に支配され拘束されて一切の自由を失い、「言必信、行必果」となって、あらゆる「問題」は解決できず、玉砕して自分も死者となるだけが解決になる。周首相はわれわれわれほど忘れっぽくはないであろうから、このときの日本人の状態をよくおぼえていたのであろう。そして、日中国交回復ブームの空気支配から超法規的な「日華条約廃棄」までの経過を見、何と変らざる小人ぶりよ、と思ったことであろう。もっとも、大人でも、小人でもよい、対象の相対化を許さねば、公害問題であれ外交問題であれ、またそれがどの民族であれ、こうなって当然なのだから——。

人間はすべて同じ人間である、ということは確かにいえる。ただしそれは、「人間がもし臨在感的把握を絶対化することによって逆にその対象に支配されれば、その人間は、同じ型《パターン》の行動をする」という意味で言えることであって、もし、臨在感的把握を罪と規定し、そういう把握をした者は死刑にする（これはちょうど日本の逆）という伝統に生きている民族があれば、どちらも同じ人間であるがゆえに、その行動の型《パターン》は全く違ってくるはずである。簡単にいえば、同じ人間だから違ってくるのである。そして「人間はみな同じ」を口にする人が見落しているのは、「同じだから違う」ということの関係である。もちろん「同じだから同じ」の面もあるのであって、民族はすべて別種であるかの如く言う〝空気〟が出来れば、それは誤りである。この問題もまた、相対的であるから〝空気〟で決定されるべきではない。従って以下に記すのは「同じだから違う」一面――ただし大切な一面――にすぎない。

私が「遺影デモ」に関心をもったのは、これをもしイスラム圏、その中でも特に「影像禁止」が徹底しているサウジアラビアで行なったら、どういう結果になるであろうと考えたからである。影像禁止とか偶像禁止とかいうイスラム教・ユダヤ教・キリスト教の一部にある考え方の基本は「物質はあくまで物質であって、その物質の背後に何かが臨在すると感じてこれから影響をうけたり、それに応対したり、拝礼したりすることは、被造物に支配されてこれに従属することであるから、創造主を冒瀆する瀆神罪だ」という考え方が基本になっている。従ってそういう瀆神を誘発しそうなものは「悪」であるから、これを排除する。いわば臨在感的把握の絶対化に基づく〝空気の支配〟は「悪」なのである。昔は偶像礼拝は死刑であり、今でも死刑のはずだが、実際には判例はあるまい。サウジアラビアでは、人形の首まで切るそうだから――。従ってこの国では、御真影や水天宮の影像や遺影デモの写真などは、即座にやぶって捨てないと大変なことになるのだが、たとえその行為が福沢諭吉と全く同じであっても、彼らはそうすることが「科学的」だと考えてやるわけではない。

これらの国も、いまでは近代化を進めている。いずれ公害問題も出ることであろう。

そこでイ病のような問題が起って「遺影デモ」をやったら、どうなるであろうか。これは架空の問題だが、専門家にきいてみると、「例がないから想像がつかない」そうである。もちろん「全員が首をはねられる」こともありうると思われるが、故ファイサル王暗殺の原因がテレビという「影像」の導入であったと言われているのだから、「遺影デモ」への処分は確かに想像に絶することであろう。だがこれらのことはすべて、「それが科学を生み出した基本的な精神構造だ」とは言いえても(これにはもちろん異論がありうる)、暗殺も、想定される処分も、直接には科学と何の関係もない。「テレビの導入が暗殺に通じた」などという話をきけば、日本人は逆に「何と非科学的な」というかもしれない。だがこれもまた、非科学的とは別の問題である。

この伝統は西に向うほど一見、弱くなる。アラビアはアラベスクしかなく、マルク・シャガールが出るまでユダヤ人には造型美術家はいないが、キリスト教世界には、影像はいくらでもある。もっともそのキリスト教世界のローマン・カトリックとギリシャ正教との分裂は、影像問題に端を発しており、この両教会でも、対象への臨在感的把握の絶対化すなわち偶像礼拝は「罪」である。また初代キリスト教徒が、伝来のギリシャ・ローマ美術に対して行なった偶像破壊の跡は、いまにして見れば「科学的」どころか恐るべき「蛮行」としか見えない。だが、基本的には同じ考え方の偶像破壊・影像破棄は今でもイスラム圏では行なわれており、必ずしも「野蛮」では片づけられない。

一体これはどういうことなのか。一言でいえばこれが一神教《モノティズム》の世界である。「絶対」といえる対象は一神だけだから、他のすべては徹底的に相対化され、すべては、対立概念で把握しなければ罪なのである。この世界では、相対化されない対象の存在は、原則として許されない。これについては後述するが、この相対化が徹底している世界、いわば旧約聖書の世界などは、一見つきあえそうに見えて、半世紀近くつきあっていると、「こりゃ、到底つきあいきれないのではないか」と思わざるを得ないほど、徹底的に相対化しているのである。これでは〝空気〟は発生しえない。発生してもその空気が相対化されてしまう。そして相対化のこの徹底が残すものは、最終的には契約だけということになる。

一方われわれの世界は、一言でいえばアニミズムの世界である。この言葉は物神論(?)と訳されていると思うが、前に記したようにアニマの意味は〝空気〟に近い。従ってアニミズムとは〝空気〟主義といえる。この世界には原則的にいえば相対化はない。ただ絶対化の対象が無数にあり、従って、ある対象を臨在感的に把握しても、その対象が次から次へと変りうるから、絶対的対象が時間的経過によって相対化できる――ただし、うまくやれば――世界なのである。それが絶えず対象から対象へと目移りがして、しかも、移った一時期はこれに呪縛されたようになり、次に別の対象に移れば前の対象はケロリと忘れるという形になるから、確かに「おっちょこちょい」に見える。だがこの世界では、「おっちょこちょい」に見える状態でないと、大変なことになってしまうはずである。簡単にいえば、経済成長と公害問題は相対的に把握されず、ある一時期は「成長」が絶対化され、次の瞬間には「公害」が絶対化され、少したって「資源」が絶対化されるという形は、「熱しやすくさめやすい」とも「すぐ空気《ムード》に支配される」とも「軽佻浮薄」ともいえるであろうが、後でふりかえってその過程を見れば、結構「相対化」したような形になりうる世界である。それは良くいえば、その場その場の〝空気〟に従っての「巧みな方向転換」ともいえ、悪くいえば「お先ばしりのおっちょこちょい」とも言えるであろうが、見方によってはフランスの新聞が日本のオイルショックへの対処を評したように「本能的」とも見えるであろう。

　だが私はこれは結局、アニミズムの社会の伝統的行き方であり、われわれがその時点その時点での〝純粋な人間〟と評する人びとは、結局この民族的伝統に純粋に忠実な人の意味であろうと思う。そしてこの世界の破局的な危険は、全民族的支配的〝空気〟が崩れて他の〝空気〟に変ることなく、これが純粋な人間に保持されて、半永久的に固定化し永続的に制度化したときに起るはずである。それはファシズムよりもきびしい「全体空気拘束主義」のはずである。

　それを避けるには、どうすればよいか。アニミズム的ジグザグ型相対化に基づく自由、それによる対象からの解放という状態は、確かに、平和・平穏を保障された環境を前提とする転換期・成長期に起る諸問題の解決には、よい方法であったと思う。これが明治と戦後のあの行き方を可能にし、福沢諭吉型啓蒙主義を可能にした。ただこの行き方は、日本軍と同じく「短期決戦連続型」となるから、「長期持久・長期的維持」はできない。さらにこの維持を前提とする超長期的計画はたてられないのである。そのため、成熟社会ではきわめて危険な様相を呈する。では、どうすべきなのか。われわれはここでまず、決定的相対化の世界、すべてを対立概念で把握する世界の基本的行き方を調べて、〝空気支配〟から脱却すべきではないのか。ではどうすればよいか、それにはまず最初に空気を対立概念で把握する〝空気《プネウマ》の相対化〟が要請されるはずである。

　われわれの社会は、常に、絶対的命題をもつ社会である。「忠君愛国」から「正直ものがバカを見ない世界であれ」に至るまで、常に何らかの命題を絶対化し、その命題を臨在感的に把握し、その〝空気〟で支配されてきた。そしてそれらの命題たとえば「正義は最後には勝つ」「正しいものはむくわれる」といったものは絶対であり、この絶対性にだれも疑いをもたず、そうならない社会は悪いと、戦前も戦後も信じつづけてきた。そのため、これらの命題まで対立的命題として把握して相対化している世界というものが理解できない。そしてそういう世界は存在しないと信じ切っていた。だがそういう世界が現実に存在するのである。否、それが日本以外の大部分の世界なのである。一体それはどんな世界なのか、それについては後にのべよう。

今まで、さまざまな空気支配の形態をのべてきた。それには、物質である人骨への感情移入による臨在感的把握によって起る被支配という原始的物神論的なものから、たとえば「公害」のような、絶対的（とされる）命題乃至は名称への臨在感的把握による被支配すなわち「言語による空気支配」、また御真影や遺影デモ等の新しい偶像による空気支配という現代的なものまであった。

七

そして、教育勅語のように言語もしくは名称が写真とともに偶像となり、礼拝の対象となって、この偶像へ絶対帰依の感情が移入されれば、その対象は自分たちを絶対的に支配する「神の像」となり、従って、天皇が現人神となって不思議でないわけである。天皇は人間宣言を出した。だが面白いことに明治以降のいかなる記録を調べても、天皇家が「自分は現人神であるぞよ」といった宣言を出した証拠はない。従って「人間宣言」を出すべき者は、現人神だと言い出した者であっても、現人神だと言われた者ではないはずである。これは警察がだれかを間違って犯人だと言ったら、これを否定する義務は警察にあるのであって、間違われた人間にあるのでないのと、同じ理屈であろう。だが奇妙なことに現人神だと言い出した人間を追究しようというものはいない。もっとも追究してもおそらく無駄である。それは例によって「空気」の仕業だから。天皇制とはまさに典型的な「空気支配」の体制だからである。

だが、現人神とはいわば偶像であるから、「物質である仏像」の如くに、また人骨の如くに、自らの感情を移入する対象であっても、そのもの自身は、自らの意志をもってはならない、従って自分で「現人神宣言」を出すはずのないものであった。仏像は黙って鎮座するものであっても、生仏《いきぼとけ》宣言を出したり、自分の意志で動いたり、立ったり、舌を出したり、意思表示をしたりしてはならないはずである。そうなってはそれはもう、臨在感的把握の対象ではなくなる。二・二六事件を起した将校たちにとって、天皇とは偶像的「現人神」ともいうべき存在であった。従ってこの偶像天皇が自分の意志をもっていると知ったとき、彼らは、仏像が立ちあがって口を利いたかの如くに驚いたわけであった。これでは、自分たちの帰依に基づく「現人神・天皇制」ではなくなって、天皇という、自分の意志をもつ一個の人間の政治的統治になってしまうからである。それは一人間の意志による普通の統治であって、現人神天皇制ではなくなる。では以上のような「天皇制」とは何かを短く定義すれば、「偶像的対象への臨在感的把握に基づく感情移入によって生ずる空気的支配体制」となろう。天皇制とは空気の支配なのである。従って、空気の支配をそのままにした天皇制批判や空気に支配された天皇制批判は、その批判自体が天皇制の基盤だという意味で、はじめからナンセンスである。

偶像化できる対象は何も像や人間だけではない。言葉やスローガンも、その意味内容とは関係なく偶像化できる（天皇という存在も、戦前は国民の大部分にとっては影像と言葉だけの存在で、九重の雲の上にいる実体を見たものはなかった）。従って「言葉の天皇制」も成り立ちうるし現に成り立っている。「言葉狩り」という新しい不敬罪が現実に実施されていることは、それを、裏返して証明しているといってよい。というのは、その場合、その言葉のもつ意味内容よりも、その言葉を臨在感的に把握しこれを偶像化することによって生ずる空気が問題とされているからである。偶像の存在を許さないと言うならば、その世界では、言葉の偶像化も許されず、ある言葉乃至はある命題も、相対化され、対立概念で把握されねばならない。そして絶対に相対化が許されない「神の名」は、その名が臨在感的に把握されて偶像化し、その偶像化によって偶像崇拝を招来し、逆に「神」を冒瀆する結果になることを防ぐため、絶対に口にしてはならないはずである。確かにそうなった。ユダヤ人は神だけを絶対視するが故に、神の名を口にすることを禁じた。この禁止は絶対的であった。差別用語を口にしても死刑になることはあるまい。しかし、タルムード・サンヘドリン編七5は、神の名を口にするものは死刑に処すると規定している。

その他の言葉は、すべて相対化される。いわばどのように絶対化しているように見える言葉でも相対化されうるし、相対化されねばならない。いわば、人間が口にする言葉には「絶対」といえる言葉は皆無なのであって、人が口にする命題はすべて、対立概念で把握できるし、把握しなければならないのである。そうしないと、人は、言葉を支配できず、逆に、言葉に支配されて自由を失い、そのためその言葉が把握できなくなってしまうからである。

以上の言い方は抽象的だから、二、三例をあげよう。たとえば義なる神が存在するなら「正義は必ず勝つ」という命題がある。この命題は相対化できそうもないが、しかし彼らは言う、「では、敗れた者はみな不義なのか。敗者が不義で勝者が義なら、権力者はみな正義なのか」と。「正しい者は必ず報われる」という。「では」と彼らは言う、「報われなかった者はみな不正をした者なのか」と。これは後述するように『ヨブ記』の主題だが、彼らのこの言い方は、聖書だけでなく、あらゆる方面に広がっている。「正直者がバカを見ない世界であってほしい」「とんでもない、そんな世界が来たら、その世界ではバカを見た人間は全部不正直だということになってしまう」「社会主義社会とは、能力に応じて働き、働きに応じて報酬が支払われる立派な社会で……」「とんでもない、もし本当にそんな社会があれば、その社会で賃金の低い報酬の少ない者は、報酬が少ないという苦痛のほかに、無能という烙印を押されることになる」

いくらでも例はあげられるが、われわれの社会では、常に正義の基準の如く絶対化されている命題も、すべて、一種の対立概念で把握されて、相対化されてしまうのである。

以上のようにすれば、確かに、言葉の偶像化による空気支配は防げる。と言っても、そういう世界でも「空気」がないわけではない。ただ彼らは、あらゆる方法で空気の支配を防ごうとしただけである。われわれなら、「それはその場の空気でどうにもならなかった」ですむことを、彼らはすませなかった。もちろん、空気が支配するのが当然とされる部分が、彼らの社会にもあった。特に音楽または祭事においてはそうであって、音楽や祭事の醸す一種のムードに酔うという点では、彼らはおそらく今でも、われわれ以上に、空気に強く支配されたと思われる。ただ重要なことは、彼らが空気の支配を徹底的に排除したのは、多数決による決定だったことである。少なくとも多数決原理で決定が行なわれる社会では、その決定の場における「空気の支配」は、まさに致命的になるからである。そして致命的になった類例なら、今まであげてきたように、日本には、いくらでもある。

多数決原理を襲い、これを空洞化さす空気の支配は、死の臨在の空気支配で決定的に表われる。この例は前にのべたが、その際の空気支配は、だれも抵抗できないほど強くて当然なのであって、この状態は彼らとて同じである。従って、死の臨在する決定——一例をあげれば、殺人者への死刑の判決——には、彼らは非常に慎重であり、あらゆる面で、死の臨在すなわち「死の空気」の支配を排除しようとした。タルムードのサンヘドリン編四1によると、殺人者への判決といった「死刑に相当する刑の場合は、一票差によって無罪の判決を下しうるが、有罪の判決は二票差を必要とする」。さらに「公判は日中に行ない無罪の判決はそれが決定したらその夜のうちに下すことができるが、有罪の判決は（一晩おいた上で）その翌日に下さねばならない」。また「無罪の判決を下すためには再審できるが、有罪の判決のためにはできない」。さらに証人たちは「被告を有利にするために証言できるが、不利にするために証言できない」「有罪の論証をしていた者が思い返して無罪の論証をすることはできるが、無罪の論証をしていたものが思い返して有罪の論証をすることはできない」等々の規定がある。そしてこれだけ慎重にしてもなお、数々の誤判があったという事実、これまた否定できないのである。

多数決原理の基本は、人間それ自体を対立概念で把握し、各人のうちなる対立という「質」を、「数」という量にして表現するという決定方法にすぎない。日本には「多数が正しいとはいえない」などという言葉があるが、この言葉自体が、多数決原理への無知から来たものであろう。正否の明言できること、たとえば論証とか証明とかは、元来、多数決原理の対象ではなく、多数決は相対化された命題の決定にだけ使える方法だからである。

これは、日本における「会議」なるものの実態を探れば、小むずかしい説明の必要はないであろう。たとえば、ある会議であることが決定される。そして散会する。各人は三々五々、飲み屋などに行く。そこでいまの決定についての「議場の空気」がなくなって「飲み屋の空気」になった状態での文字通りのフリートーキングがはじまる。そして「あの場の空気では、ああ言わざるを得なかったのだが、あの決定はちょっとネー……」といったことが「飲み屋の空気」で言われることになり、そこで出る結論はまた全く別のものになる。

従って飲み屋をまわって、そこで出た結論を集めれば、別の多数決ができるであろう。私はときどき思うのだが、日本における多数決は「議場・飲み屋・二重方式」とでもいうべき「二空気支配方法」をとり、議場の多数決と飲み屋の多数決を合計し、決議人員を二倍ということにして、その多数で決定すればおそらく最も正しい多数決ができるのではないかと思う。

というのは、このように、会議内と会議外で、同じ人間の同じ決定が逆にも出うるということは、その人びとの命題への把握の仕方が各人のうちで、あるいは賛成七対反対三、あるいは六対四、五対五となっており、それぞれの空気によって、会議内では賛成だけが表に出、会議外では反対だけが表に出る、という形になっているからだと考える以外にないからである。従ってそれを総計すれば本当の多数決になるわけだが、元来は、これを一議場内でやってしまうことが多数決のはずである。

日本ではそれをしない。言うまでもないが、会議内と会議外の異なった議決の発生は、前にのべた「空気の支配下におけるジグザグ型相対化」の一種である。そしてこのことは、人間は、自らのうちに対立を含む矛盾した存在であることが、「空気の変化」という形で、時間別に表われていることを示すにすぎない。決断をだらだらと引きのばしても、別に大したことにはならない状態にあった日本では、これでも支障はなかったのであろう。徳川時代を見ていくと、幕府の成立からその終末までに、真に大きな運命的な決断を必要としたという事件は皆無に等しいからである。そのため、一時的な例外期はありえても、日本は常に、この状態へと回帰していく。確かにこれまでは、それでも間にあった――戦争といった身のほど知らずのことをやらない限りは。また、先進国模倣の時代は、先進国を臨在感的に把握し、その把握によって先進国に「空気」的に支配され、満場一致でその空気支配に従っていれば、それで大過はなかった。否、その方がむしろ安全であったとさえいえる。そのためか、空気の支配は、逆に、最も安全な決定方法であるかのように錯覚されるか、少なくとも、この決定方式を大して問題と感じず、そのために平気で責任を空気へ転嫁することができた。明治以降、この傾向が年とともに強まってきたことは否定できない。

八

だが中東や西欧のような、滅ぼしたり滅ぼされたりが当然の国々、その決断が、常に自らと自らの集団の存在をかけたものとならざるを得ない国々およびそこに住む人びとは、「空気の支配」を当然のことのように受けいれていれば、到底存立できなかったであろう。そしておそらくこのことが、対象をも自らをも対立概念で把握することによって虚構化を防ぎ、またそれによって対象に支配されず、対象から独立して逆に対象を支配するという生き方を生んだものと思われる。そして彼らにとって、その最良の教科書はおそらく旧約聖書――すなわちその徹底的相対化の世界――だったはずである。聖書とアリストテレスで一千年鍛練するとアングロ・サクソン型民族ができるといわれるが、その最も大きな特徴は、体質的ともいえるその相対的把握であろう。

聖書の相対化の世界がどのようなものか。そしてその相対化の世界すら、日本に持ちこまれるとその相対性が消されて、一つの絶対性を付与され、臨在感的把握の対象とされてしまうかを、次に二例ほどあげて説明しよう。

聖書の最初に出てくるのは、天地創造・人間創造の物語である。聖書文化圏でこの物語を知らない者はいないし、アダムとイブの話なら、日本でもだれでも知っているであろうが、日本で知られている話は、実は、聖書とは関係のない「相対化排除」の日本式〝聖書〟物語なのである。その物語――日本にある数々の聖書物語――によると、天地の創造は、まず光と闇・天と地・地と水と植物・昼と夜・魚と鳥・地の獣の順であって、最後の創造が人《アダム》であり、この人のあばら骨から女《イブ》がつくられた、ということになっている。しかし聖書には、そういう物語はない。本当のこの物語では、創造は、まるで進化論のように、自然から植物、ついで下等動物から高等動物へと進み、最後に完成品として人間がつくられ「神は自分の形に人を創造した。すなわち神の形に創造し、男と女とに創造した」で、創造の話は終っている。これによると、男も女も、平等にかつ同時に、完成品として最後につくられ、地上のすべての支配権を与えられたことになっている。

創造とは、一言でいえば「人間の規定」である。確かに人間には、また男女には、以上のように規定できる一面があるであろう。しかしこれですべてではない。聖書はすぐに、この規定と全く反する、別の人間創造の物語を記す。前の話を第一話とすれば、これは、第一話とは全く関係なき第二話であり成立年代も違う。学者は前の方をP資料、次をJ資料という。この第二話では、創造の順序が、天と地・泉・男・園の木・川・獣と鳥・家畜となっており、最後に、男のあばら骨から女がつくられることになっている。簡単にいえば、創造された生物の最初のもの、いわば試作品ともいうべきものが男性、この男性を原料として最後につくられたものが女性で、両者とも完成品ではなく、二つ合わせて完成品なのである。

第一話では、人間とは男女とも神の形につくられた最終的完成品、地上のすべての生き物をおさめる尊厳な存在だが、第二話では、男性は「土の塵」で最初につくられた試作品？　それ自身だけでは生きて行けず、生存には「それにふさわしい助け手」が必要で、そのためさまざまな生物がつくられたが、どれも生存を支えてくれるに「ふさわしい助け手」とはならず、そこで創造の最後に、男のあばら骨から女がつくられ、両者が一体となってはじめて生きていける者として記されている。すなわち創造は、第一作の男にはじまり、最終作の女で終っているのである。そしておかしなことに、聖書の創造物語とは、この全く別の二話から成り立っていることを、全然知らない人が案外多いのである。

言うまでもなく、この第一話と第二話に描かれている「人間像」は同じものではない。否、すべての点で全く相反し、相矛盾すると言ってよい。しかし聖書は、この二つの記述を調整して矛盾を消そうとせず、平然とそのまま併行して記している。ところが聖書物語は、この二つの物語の矛盾を消去して、第一話と第二話をつないで一つの物語としているわけである。おそらくこの「調整する」という点に、基本的な考え方の差があるのであろう。聖書は人間を矛盾したものとして捉えている。矛盾したものをそのまま記せば、その記述が矛盾するのは当然であって、これを、言葉の辻褄をあわせて調整すれば、筋は通っても虚構になってしまうからである。

人間に、第一話と第二話のような相矛盾する二つの面があるということは、言われてみれば、だれにでもうなずけることであろう。だがこれが、『箴言《しんげん》』と『ヨブ記』のような形で出てくると、こういう相対化の世界は、少々、われわれの手には負えないという気もしてくる。

前にもちょっと記したが旧約聖書のうち『箴言』の世界は、われわれが最も抵抗なく理解できる常識的な世界である。これは、史料的にも貴重な書で、俗に「オリエントの知恵の精髄」といわれ、古代東方の多くの国々にあった知恵を集録・抜粋して新しい思想の下に再編集したもので内容の一部は、多くの学者が指摘しているように古代エジプトの「アムン・エム・オペの知恵」やバビロニアの「アヒカルの格言」と非常によく似たものがある。そしてこれで見ていくと、人間の生活訓や生活感覚といったものは、古代の東方でも現代の日本でも、実によく似た同じような面があるのに驚かされる。

その中の「豚に真珠」は日本でも有名だが、そのほかに、欧米ではよく使われる「美しき女の慎みなきは金の環の豚の鼻にあるが如し」とか、わからない四つのこととして「空を飛ぶはげたかの道、岩の上を這うへびの道、海をはしる舟の道、男の女にあう道」とか「盗んだ水は甘く、ひそかに食べるパンはうまい」とか「愚かなる者にその愚かさに従って答をするな、自分も彼と同じようにならないために。愚かなる者にその愚かさに従って答をせよ、彼が自分を知恵ある者と誤認しないために」とか言ったような、面白い言葉が数多くある。しかし、その文学的価値を一応除外し、そこに示された道徳律の質を問題にしないならば、その本旨は、結局、これらの教えを守る者は正しい者で、そのものは、正しく報われるであろう、ということである。従って「これこれを守れば、必ず、家内は安全・商売は繁昌」と保証する新興宗教に似た一面をもつことは否定できない。

一言でいえば「正義は必ず勝ち、正しい者は必ず報われる」世界である。だが、ここから『ヨブ記』に移ると、だれでも、以上の言葉に少々ゾッとしてくるのである。というのは、ここにヨブという完全に正しい人間、『箴言』の徳目のすべてを守っている富裕な人が登場する。すべての人が、彼のような正しい人は、そのように報われるのが当然だと考えている。ところがその彼を、あらゆる天災と人災が襲う。彼は財産を失い、家族を失い、癩病のような皮膚病にかかり、そのため町を追われ、ごみ捨て場に座って、陶片で体中のかさぶたを掻くような状態になる。すべてが失われた。そのとき、三人の友が見舞に来る。しかし、あまりの悲惨さにだれも口がきけず、なぐさめの言葉も出せず、「七日七夜、彼と共に地に座していて、一言も彼に話しかける者がなかった」といった状態であった。

だがついに一人が口を切る。それは慰めの言葉のようであり、彼には親切な忠告をしているつもりなのだが、これが、実に恐ろしい言葉になっている。一言でいえば、「正しい者は必ず報われるのだから、こうなったからには、お前には隠している罪悪があるに違いない。この状態から脱れるには、まず素直にそれを認めることが先決だ」という言葉である。――すなわち神の裁きは正しいのである、従って、考えてもみよ、だれが罪のないのに、滅ぼされた者がいるか。
どこに正しい者で、断ち滅ぼされた者がいるか。
私の見たところによれば、不義を耕し、
害悪をまく者は、それを刈り取っている。
彼らは神のいぶきによって滅び、
その怒りの息によって消えうせる。
………
見よ、われわれの尋ねきわめた所はこの通りだ。
お前もこれを聞いて、みずからを知るがよい

ということになる。
ヨブがこれに対して抗弁をする。すると次の一人がいう。

いつまでもお前は、そのようなことを言うのか。
お前の口の言葉は荒い風ではないか。
神は公義を曲げられるであろうか。
全能者は正義を曲げられるであろうか。

お前の子らが神に罪を犯したので、
彼らをそのとがの手に渡されたのだ。
お前がもし神に求め、全能者に祈るならば、
お前がもし清く、正しくあるならば、
彼は必ずお前のために立って、
お前の正しいすみかを栄えさせられるはずだ

こういった問答がつづくわけだが、この堂々めぐりのように見える問答に出てくるものは、一つの命題が絶対化された場合の恐ろしさである。そうなってしまうと、ヨブのような運命に陥れば、慰めに来たはずの者の助言まで、結局、「お前には隠している罪悪かあやまちがあるのだろう。なければこんな運命にならないはずだ。それを告白すれば、この運命から逃れられるはずだ」といった意味の、拷問に等しい糾弾になってくるという事実である。この絶対化のもつ恐ろしさは、いわば「言葉の天皇制」がもつ恐ろしさである。そして、これと非常によく似た問答が最初に引用した自動車魔女裁判に出てくるし、お定まりの「自己批判」の要求にもでてくる。

この『ヨブ記』の結末がどうなるかは、いまは述べない。この書は、ゲーテの『ファウスト』、ジードの『背徳者』をはじめ、多くの作品に素材を提供しているだけでなく、

西欧の多くの思想家が何らかの形で直接間接に言及している、大きな問題を含む書だが、それらは別として、この書の最初に出てくる問題は、いかなる命題といえども絶対化し得ない、絶対化すれば、その途端に恐るべき逆用が行なわれうるということであろう。では『箴言』のテーゼは否定されるのであろうか。そうではない。このテーゼが否定されれば、『ヨブ記』自体が成り立たなくなってしまうからである。これがすなわち相対化であって、あらゆる命題が自らのうちに矛盾を含み、その矛盾を矛盾のままに把握するとき、はじめてその命題が生かされ、絶対化すればそれはヨブにおけるような逆用を生じ、命題そのものが実際には失われてしまうということなのである。とはいえこの創世記からヨブ記に至る徹底した相対化の世界は、読んでいくと、たえずはぐらかされているような、もどかしさがあって、すぐに割り切りたがる短気民族であるわれわれには、少々、つきあい切れない気もしてくる。もっとも「聖書物語」の形で改変して日本教化すれば別だが——。

だがこの相対化の原則は、人間が人間である限り、二千数百年前も現代も変らないのである。一つの命題、たとえば「公害」という命題を絶対化すれば、自分がその命題に支配されてしまうから、公害問題が解決できなくなる。「差別」という命題を絶対化すれば、自分がその命題に支配されてしまうから、差別という問題を解決できなくなる。これが最もはっきり出てきているのが太平洋戦争で、「敵」という言葉が絶対化されると、その「敵」に支配されて、終始相手にふりまわされているだけで、相手と自分とを自らのうちに対立概念として把握して、相手と自分の双方から自由な位置に立って解決を図るということができなくなって、結局は、一億玉砕という発想になる。そしてそれは、公害をなくすため工場を絶滅し、日本を自滅さすという発想と基本的には同じ型の発想なのである。そして空気の支配がつづく限り、この発想は、手を替え品を替えて、次々に出てくるであろう。

だが、われわれの祖先が、この危険な「空気の支配」に全く無抵抗だったわけではない。少なくとも明治時代までは「水を差す」という方法を、民族の知恵として、われわれは知っていた。従って「空気の研究」のほかに「水の研究」も必要なわけで、この方法についてもだいぶ調べたのだが、この「水」は、伝統的な日本的儒教の体系内における考え方に対しては有効なのだが、疑似西欧的な「論理」には無力であった。同時に西欧を臨在感的に把握する空気的進歩主義者は、「水を差す」を敵視し、それが悪であるかの如き通念を国民に植えつけた。昭和の悲劇とは、表面的には西欧的といえる仮装の論理に基づく「空気」の支配に対して、伝統的な「水」が全く無力だったことに起因している。というのは「水」の基本は「世の中はそういうものです」とか「世の中はそういうものじゃない」とか、同じことの逆の表現「世の中とはそういうものです」とかいう形で、経験則を基に思考を打ち切らす行き方であっても、その言葉が出て来る基となる矛盾には一切ふれないからである。

聖書には、この言い方は全くない。『ヨブ記』などは、この言い方を当然とすれば、はじめから成り立たない。

日本とはそれで十分な世界であった。そしてこの世界の仮装の西欧化には大きな危険があるのは当然であった。早くも明治に内村鑑三がその危険を警告しているが、われわれは残念ながらまだ新しい「水」を発見していない。だがその新しい「水」は、おそらく伝統的な日本的な水の底にある考え方と西欧的な対立概念による把握とを総合することによって見出されると思われる。ではここでまず、従来の「水的発想」がどのような形で現代の日本に作用し、それが「空気」の醸成とどう関連しているかを調べてみよう。

「水＝通常性」の研究

一

「空気」はその研究が終るまでは漠然とした存在だったが、「水」という概念はもっと漠然としている。ある一言が「水を差す」と、一瞬にしてその場の「空気」が崩壊するわけだが、その場合の「水」は通常、最も具体的な目前の障害を意味し、それを口にすることによって、即座に人びとを現実に引きもどすことを意味している。

私の青年時代には、出版屋の編集員は、寄るとさわると、独立して自分が出版したい本の話をしていた。みな本職だから話はどんどん具体化していき、出来た本が目の前に見えてくる。そしてみなでその未見の本を徹底的に批判しても、やはり、相当に売れそうだという気持になることは否定できない。

するとその場の「空気」はしだいに「いつまでもサラリーマンじゃつまらない、独立して共同ではじめるか」ということになり、それもぐんぐんエスカレートし、かつ〝具体化〟していく。私は何度か、否、何十回かそれを体験した。すべてはバラ色に見えてくる。そしてついに、「やろう」となったところでだれかがいう「先立つものがネエなあ」――一瞬でその場の「空気」は崩壊する。これが一種の「水」であり、そして「水」は、原則的にいえば、すべてこれなのである。そしてこの言葉の内容は、いまおかれている自己の「情況」を語ったのにすぎないわけである。そしてその一言で、人は再び、各人の日々、すなわち自己の「通常性」に帰っていく。われわれの通常性とは、一言でいえばこの「水」の連続、すなわち一種の「雨」なのであり、この「雨」がいわば〝現実〟であって、しとしとと降りつづく〝現実雨〟に、「水を差し」つづけられることによって、現実を保持しているわけである。従ってこれが口にできないと〝空気〟決定だけになる。先日日銀を退職した先輩によると、太平洋戦争の前にすでに日本は「先立つもの」がなかったそうである。また石油という「先立つもの」もなかった。だがだれもそれを口にしなかった。差す「水」はあった。だが差せなかったわけで、ここで〝空気〟が全体を拘束する。従って「全体空気拘束主義者」は「水を差す者」を罵言で沈黙させるのが普通である。

しかし、現状からの脱却は、この「通常性」を基盤としない限り成り立たない。どのような「空気」を盛り上げて「水を差す者」を沈黙させても、「通常性」は遠慮なく「水」を差しつづけるのである。われわれは今まで自己の通常性を無視して、「空気」さえ盛りあげれば何かができるような錯覚を抱きつづけてきた。太平洋戦争とは、まことに痛ましい膨大なその大実験である。従ってわれわれはここでまず、自己の通常性の原則から探究を進めるべきであろう。と言っても、最初にのべたようなわけだから、まず非常に漠然と話を進めねばならない。

その対象は実に漠然としていて、「空気」以上に内容不明である。われわれの社会にはこの「水」の連続らしきもの、すなわち何か強力な消化酵素のようなものがあり、それに会うと、すべての対象はまず何となく輪郭がぼやけ、ついで形がくずれ、やがて溶解されて影も形もなくなり、どこかに吸収され、名のみ残って実体は消えてしまうという、実に奇妙な経過をたどるからである。ところが、この強力な消化酵素が、一体どのような成分で成り立ち、それが対象にどのような影響を与えるのか、またどのような〝化学方程式〟で分解が進むのかという分析、いわば消化酵素とその作用の分析となると、残念ながら、私は、現在に至るまで、納得できる「分析表」さえ見せてもらった経験がない。

とはいえ、こういった何らかの消化酵素があるらしいことは、もう半世紀近い昔に、何となく人びとに気づかれていた。たとえば内村鑑三はこの作用を一種の腐食にたとえ、日本は雨が多いから、外来のどんな思想や制度もたえず「水」を差しつづけられて、やがて腐食されて実体を失い、名のみ残って内容は変質し、日本という風土の中に消化吸収されてしまうという、面白い観察をのべている。では一体、彼が比喩的にのべた「雨」——これが前述の「水＝消化酵素」だが——とは、どんな成分で、どのような連続的作用をして、どうなるのか、残念ながら内村も、それへの警戒心は鼓吹しても、その実態は明らかにしていない。

だが、これは何も西欧文明乃至はキリスト教の場合だけでなく、外来のあらゆる文明について言えることである。たとえば日本は仏教国だといわれる。これは今では世界的な定義で、外国の地図などでは日本を仏教圏に入れているから、確かに「名」は残っている。だがしかし、専門学者は浄土宗は仏教ではなく、浄土宗のような思想は仏教にはないという。もっとも啓蒙的な本は、日本仏教に敬意を表してここまではっきりとは断言していない。が、しかし、ペンギン叢書の「仏教《ブディズム》」を一読されればよい。浄土宗についての的確な説明があり、これを相当に高く評価しているが、最後は「これが果して仏教なりや？」という言葉で終っている。儒教となるとさらに面白い。徳川時代に日本は儒教の影響を徹底的にうけたそうだが、しかし科挙の制度は取り入れていない。いわば骨組みはどこかで骨抜きにされ、肉の部分は何となく溶解吸収され、結局は、儒教体制という形にならずに消えてしまったという経過をたどっている。

こういう一種の「溶解消化酵素」とでも言うべきものの力は今でも少しもおとろえていない。最近の日本共産党をめぐるさまざまの問題を見ていくと、この酵素が同党に着実に「科挙抜き儒教化」的作用を及ぼしているものと思われる。この観点からみると、共産党の「民主連合政府案」のコピーを読んだ自民党橋本前幹事長が「笑わせてはいけない、これでも共産党か。厚化粧どころか、これでは美容の整形手術ではないか」（鈴木卓郎『新聞記者の日本共産党研究』）といった言葉、いいかえれば「これが果して共産党なりや？」と言った言葉は、あるいは〝ペンギンなみ〟の名文句かもしれぬ。

共産党が自らを何かのモデル（たとえば自民党）に近づければ党員の数がふえ、選挙の際の得票数もふえる。一方、これから遠ざかれば党員数も減り、得票数も減る。そして実体のわからぬその「何か」に近づくには、自らがそれに適合するように変容をとげねばならない。変容しないまま近づこうとすれば、相手は拒否反応を起して逃げて消えてしまう。この「何か」は、自分の方は変化しようとしない。第一、その実体は雲のようでつかめないから、絶えず形が変っているように見えても、この相手を、自分に適合するように改造することはできない。雲上人を支えているのだから、日本の実体は雲だといえばそれまでだが、対象がこれでは、もし雲の革命を行なおうとするなら自己を改造して空洞化し、軽くなって相手の中に入り、これとともに浮びかつ融合し、相手と一体化しつつ、「革命を起そう？」とする以外に方法はなくなる。そしてこの自己改造のためには、厚化粧どころか、多くの同志を追放して除去するという本当の「整形美容の手術」を強行せねばならない。民衆に象徴されるこの雲は、何かに触れて違和感を感ずるとさっと雲散霧消して姿を消す。そこで、教宣によって相手の意識を改造するのでなく、自己を「整形美容」して相手に接しなければ、「お客さん」の方が消え、民衆の赤いホステスという商売が成り立たないという結果になる。成り立たなくてもかまわない。殉教壊滅は覚悟の上だと力んでも、殉教壊滅には敵がいる。その敵は見えないから、一人芝居の自滅しか招来しない。

従って整形美容となるが、この手術が非常に軽くすみ、そのために生体が壊滅するといった危機もなく、わずかの〝出血〟で手術は終り、以後の回復と発展があまりに早すぎるところをみると、実はこの方が本当の顔で、今までが、無理をして息苦しい〝共産主義〟という輸入のぬいぐるみをつけて〝怪獣〟を演じつづけ、そのため呼吸困難で消耗し切って瀕死の状態でいたのが、その大部分をはずし、内心ではホッとして元気を回復し、ドテラ姿でリラックスしているのかもしれぬ――まるで戦争直後の日本のように。そう解釈すれば、除名されたものは、ぬいぐるみそのものだったわけである。ぬいぐるみなら、その中にだれかが入って「日常性=通常性」を負担しない限り動けないわけだから、この被除名者が別に「党」をたてることは、はじめから不可能、〝脱ぎ捨てられた衣装〟のような形にならざるを得ない。ただ〝脱ぎ捨てられた者〟は、ぬいぐるみその物だから「純粋だ」といえばいえる。しかしこのことは、共産党を動かしていた内部的日常性は、宮本体制確立前から、今と同じような状態だった証拠ともいえよう。とすると奇妙な腐食はまず内部から進み、これを変質させていたことにもなる。ということは、内部こそ、日々の運営で絶えず「水」を差されざるを得ないからである。

もしもそうなら、ドテラ姿は一般党員のためにも大変に結構なことで、反対があるはずはない。だが、ぬいぐるみがなくなれば、腐食・変質と溶解は内だけでなく外からも進むから、ますますその速度は増し加わり、速度を増すとともに党員・支持者・得票率はますますふえ、それがふえることによってさらに溶解が進み、溶解が進めば量はふえる、この循環をくりかえすことによって、最終的には日本の中で雲散霧消することにより雲を赤くそめ、日本の共産化が達成できるかもしれぬ――ただし、それは「科挙抜き」「名」のみで、そうなれば後代の専門学者は、日本共産党は共産主義者にあらず、と定義するであろうし、〝ペンギン〟は、「これが果して共産主義なりや？」と控え目に記すことになるであろう。もっとも世界地図では赤く塗ってくれるかもしれぬ。それで十分だというのなら、確かに目的は達したことになる。

でも「天皇制」があるではないか、という人がいるかもしれぬ。心配は御無用である。前述の仏教学者たちは、日本の仏教を研究するにあたって、大変に重要な点を見落していた。天皇家は仏教徒なりや否や、という問題である。これは過去においても現在においても、歴史家が触れない問題である。天皇がどこかの寺の檀那で、仏壇に頭を下げてチーンとかねを叩いたとあっては「現人神」でなくなってしまうから、皇国史観は成り立たない。と同時に皇国史観否定の上に立つ戦後史観にとっても、否定の対象の変質は少々こまる、従って、ここは触れない。そのためこの〝仏教国〟において、宮中に仏壇があったのかなかったのかと問われて、すぐに返事のできる人がいたら、その人は例外者だという奇妙な結果になる。これが大体、日本における「歴史」なるものの正体で、天皇に関する記述は、左右両翼から女性週刊誌まで、実に山のようにあるのだが、民衆の神棚・仏壇併用方式と対比してみれば実に興味深い現象である。ごく平凡なその日常性については、逆にわからなくなっているわけである。

簡単にいえば、明治四年（一八七一）まで宮中の黒戸の間に仏壇があり、歴代天皇の位牌があった。法事はもちろん仏式であったが、維新という〝革命〟の波は天皇家にも遠慮なく押しよせ、一千年つづいた仏式の行事はすべて停止されることになった。天皇家の菩提寺は京都の泉涌寺だったが、明治六年、宮中の仏像その他は一切この寺に移され、天皇家とは縁切りということになった。皇族には熱心な仏教徒もいたが、その葬式すら、仏式で行なうことを禁じられた。いわば、天皇自らが思想信仰の自由を剝奪され、明治体制一色に強制的に塗り変えられたわけである。言うまでもないが、一千年の伝統を自らの手で（という形式で、もちろん実際は天皇家の意志ではあるまい）断ち切り、自らの意志で自己変革をしたという形で革命に即応して存続したわけである。従ってこの行き方は、戦後の「人間宣言」的行き方にはじまるのではない。仏教断絶のときから

「人間宣言」までがわずか約七十年、以後約三十年であるから、一千年とは比較にならぬこの程度の短期間の〝伝統〟などは、いとも簡単に〝自己改廃〟できるであろう。このことは単に「天皇家」の問題でなく、いわば全日本人が、そのような形で、外形的な自己変革を行なうことによって、「自分は変った、今日から民主主義者だ」と自己を暗示にかけてそう信じこむ、そしてそう信じこむことによって変革を避けるという、伝統的な行き方の象徴的な表われにすぎない。〝共産化〟もその形になるであろう。

従ってまたそういう時期が来れば、天皇家は全日本人の〝象徴〟として、代々、社会主義者であったという新説ができ、自己変革という名の無変革がなされ、それに矛盾する事実は〝仏壇〟の如くに消されても不思議ではない。そしてその新説を証明する史料なら、いくらでもあるし、〝変革〟は明治四年の変革と同じように問題にならないであろう。そのときどんな解説が出るか？ そのほんの一、二例を、「赤旗」調の解説で記してみよう。

「日本人はみな昔から社会主義だったのです。そのことは、西欧からまだ科学的社会主義が入る前に、そのヒントを耳にしただけで、明治十二年の『東京曙新聞』に〝此《ソ》時節に社会主義好調〟という見出しで次のような論説が出ているのでも明らかです。『夫レ吾《ワガ》日本帝国国民中ニ在《アリ》テ〝ソーシャリズム〟ヲ含有セルノ久シキヤ既《ステ》ニ如此《カクノゴトシ》。而《シカ》シテ又其主義ノ精神ノ強盛活潑ニシテ偉功ヲ吾人社会ニ致セルヤ実ニ大ナル者アリ、吾《ワガ》明治維新ノ一大洪業ヲ成就セル知勇英明ノ士ハ、其維新ノ始ニ在《アリ》テハ蓋シ皆社会党ヨリ出ザルモノハナシ』と。これでみればわかりますように、社会主義政党は明治維新前からあり、維新という革命を行なったのは、本当は社会主義政党だったのです。そしてそれを、そうでないように改変したのが帝国主義者の歴史家です。この論説がそれにつづいて『維新ノ事業ハ一トシテ社会主義ニ一致セザル者鮮《スクナ》シ矣』と記しているのは当然のことなのです。このことは言うまでもなく、明治維新の中心であった天皇こそ社会主義の中心であったということです。そこで『……維新ノ洪業即チ慶応ノ一大革命ヲ成就シタル所以ノ国是ハ、取モ直サズ社会党ノ本旨ト其揆ヲ一ニスル者ナリ、此一大革命ニ従事シ、五条ノ誓文ニ一致シタル所ノ日本国民ハ、取モ直サズ社会党ノ主義ト其主義ヲ一ニスル者ナリ』と記しています。いわば社会主義者天皇のもとへの結集を呼びかけているのです。この事実を無視して、天皇制と共産主義は相いれないなどと言っているものこそ、事実を隠し、歴史を改ざんする保守反動の反共屋なのです。この日本の社会主義の伝統を最も正しく継承しているのが共産党です。その証拠に、明治十五年創立の、日本ではじめて出来た社会主義政党、東洋社会党の綱領を次に掲げましょう。㈠我党ハ道徳ヲ以テ言行ノ規準トス。㈡我党ハ平等ヲ主義トナス。㈢我党ハ社会公衆ノ最大福利ヲ以テ目的トナス。以上の三か条ですが、㈠は、ポルノ批判、純潔のすすめ、社会的腐敗の糾弾と同じ考え方です。㈡㈢は、大企業中心の政府を倒して国民中心の政府を打ちたて、民衆を苦しめる公害を絶滅して『社会公衆ノ最大福利ヲ以テ目的』とし、福祉の完備した社会をつくろうという党の方針と全く同じです。また東洋社会党は、綱領の第二章『手段』では、あくまでも暴力革命方式を排し、革命の手段を遊説・演説・雑誌公刊等に限っています。これでみますと、共産党の天皇中心・平和革命路線こそ、明治以来、否それ以前から、日本の人民が、心の底から望んでいたことなのです」

「なるほど、なるほど」そのときになってこう言われれば、みんなその気になるだろう。今の段階だって、三十年前と比べれば、同じようなことだから。

従ってこの程度は序の口であって、この種の論法を進め、こういう戯文をつづろうと思えば、材料はいくらでもある。そしてそれを巧みに再構成していけば、大化の改新は共産主義的革命の先駆で、それは天皇が実施したのだと立証するぐらいのことは、天皇家がはじめから「現人神」であったと証明する以上に、簡単な作業だといえる。こういう作業は明治にも戦後にも行なわれたから、その道のベテランはいくらでもいる。そして一たびそういうことになれば、どのような反証を挙げようと、あれは「反共・右翼」だと言っておけばそれですむことは、今の状態が自ずから証明している。今ですら御覧の通り、ましてや共産党が政権をとれば、前記の御用学者はいくらでも集まるし、その志願者はわれ先にと「忠誠」を証明するためかけつけ、交通整理にこまるほどになるであろう。第一、新聞雑誌がその空気に拘束されて、例外を除けば全部が〝翼賛〟するから、例外者の反論などははじめから問題にならない。だがこれがすなわち、溶解であり、雲散霧消であり、〝天皇制〟を着色して自らが消える道程である。と同時に、後述するように空気と水の相互作用なのである。

前述のように、その過程ははるか以前から、まず内部的腐食の形ではじまり、いまその一部が表面化したのだと思われる。なぜそうなるのか、何がそうさせるのか?

この疑問を解くべく、そうさせる要素すなわち「まことに漫然とした内容不明の対象」をこれから探究したいと思う。

二

だが「内容不明の対象」では議論を進めにくい。何か仮名をつけねばならない。「水を差す」は、非継続的行為だからこれはこまるし、内村鑑三が名づけた「雨」――おそらく「梅雨的なシトシト降りつづく雨」であろうが――は自然現象と誤解される。だが、この現象は、人間の外にある自然現象と見るより、「われらの内なる自然現象」と見た方がよいと思われるので、一応「消化酵素」略して「酵素」の作用と仮定しよう。

そしてこの酵素の作用を、一応「日本的・無意識的通常性的作用」と規定しておく。略して「通常性作用」といってもよい。そしてこの作用の基準を、意識しないで行なわれる通常の行為の基準と考えてもよい。比喩的にいえば消化のような作用である。すなわれわれは、一応、意識的に三度の食事をとる。これも確かに通常性だが、全く無意識で食べるわけではないから、無意識的通常性とはいいがたい。一方、消化は、自らの自覚的意志で行なうわけではない。「食べた以上消化せねばならぬ」と意識して努力しない限り消化が行なわれない、というわけではなく、無意識のうちに、いわば眠っていても、一つの日常性として消化は進む。同時に、この消化を意識的にストップさせることはできない。簡単にいえば「食」すなわち「摂取」までは意識的現象だが、消化は一種の「体内的自然現象」であり、口に入ったものは原則としてその過程を免れることができず、消化不能のものは、これまた一つの自然現象として吐き出してしまう。これと同じように、われわれの社会に入って来た対象、個々人で見ればそれは胃でなく脳に入ってきた対象だが、これが各人の脳内で消化され、それが社会全体としては、その対象の変容と見える状態――この面でとらえれば「雨」となる――この消化の過程、すなわち「通常性による消化吸収に基づく変容」ともいうべき現象、これが私のいう通常性であり、この通常性的作用が、どのような原則で行なわれ、何がどのように作用してそれが対象を吸収していくかを解明するのが、いわば本稿の研究の中心である。

言うまでもないが、われわれの日常生活は、無意識に近いともいえる、条件反射的な断片的判断の集積の上に成り立っている。そして人びとは、この判断に基づいて互いに作用し合うという「通常性的作用」の相互性によって、その社会が運営されている。そしてこれが支障なく運営されるには、この各人の時間的な通常性（いわば日常性）と、その社会における空間的な通常性（いわば常識）との経緯が、同一の共通的基準をもたねばならない。この点では、自民党員も共産党員も差はない。いわば「おじぎ」という奇妙な体型をとれば相手もそれとほぼ同じ体型をとるという作用が通常性的作用、おじぎをしたら、いきなり買物袋から包丁を出して相手を刺し、顔を切りきざむのは、異常性であっても、時間的な通常性的相互作用ではない。また信号が赤になれば、田中元首相の車も宮本委員長の車も、反射的にとまるであろう。これが空間的通常性であり、「オレは共産党員だから〝赤〟なら進む、ブルジョア政府の道交法など認めない」とつっぱしれば、これもまた異常性である。

どの時代のどの社会であれ、前記のような異常性は当然に排除していく。そして人びとのもつ通常性の基盤は、その人がもつ記憶装置であり、それ以外にない。従ってもしこれが破壊され、幼児から蓄積した一切の記憶を文字・言葉に至るまで喪失すれば、社会人として生きて行くことはできない。通常性的相互作用が成りたたず、社会を構成できなくなるからである。このことは、全人類が何かの拍子《ひようし》で同時に全員が記憶喪失症にかかった状態を想像されればよい。一瞬にして一切の活動が停止し、石器時代以来の蓄積はすべて消えて、人類は、人類としては滅亡するであろう。従ってこのことへの本能的ともいえる恐怖は絶対的であり、たとえ全員が記憶喪失にならなくても、今までの通常性の基準が一瞬に崩壊したと思った瞬間、その通常性に生きていた者は全員が虚脱状態になる。終戦時にやや似た現象が見られたが、人はすぐに、自らの通常性は少しも崩壊しておらず、消え去ったのは巨大な力をもつかに見えた〝空気〟の拘束という〝虚構の異常性〟だったことに気がつき安心する。そしてその異常性を演じていた人びとも、実は、〝怪獣のぬいぐるみ〟で息がつまりそうになっており、内心では、何とかそれを脱いでほっとしたかったのだ、ということにもすぐ気づくのである。

この状態は、実は最高戦争指導会議のおエラ方でも青年将校でも同じで、前者は、みな内心では、だれかが「降伏しよう」と言い出してくれないかと、それだけを心待ちにしていた。いわば「陸軍が始めたのだから陸軍が言い出すべきだ、今日言うか、この次に言うか」と一方が梅津参謀総長に期待すれば、御当人は「軍人は最後までそれが口にできないのだから、だれかが言ってくれないとこまる。外務大臣は言わないのだろうか、今日言うか？　明日言うか？」期待し合っていた状態である。一方、威勢のいい後者については、面白い例が小松真一氏の『虜人日記』に出てくる。それは無条件降伏と聞いた瞬間、東京の自分の家作が無事かどうかの心配を口にした、ある参謀の話である。〝ぬいぐるみ〟をとれば、彼の通常性的関心は、家作からの家賃と自分の恩給による平穏な生活だけなのである。

宮本委員長がなぜ党内の主導権を握ったか？　その原則は非常に簡単であり、党員の

「通常性」とそれに基づくその社会内の通常性的相互作用を基盤とする自然発生的秩序の認証である。一言でいえば、〝ぬいぐるみ〟をぬぎ、家賃と恩給が最大の関心事だといった通常性を口にしてよく、それを基にした秩序ができてよいという一種の認証である。これはおそらく、全共産党員が内心ではそれを望みながらも、平和路線来るというその〝終戦時〟まで、口にできなかった言葉なのであろう。これも〝空気の拘束〟だったわけである。従って宮本委員長が、党内にある通常性保持の〝象徴〟として、天皇の位置にありつづけて当然である。これを堕落と見て攻撃することは簡単だが、ぬいぐるみを着て、内部の通常性で生かされていた者、およびその状態自体と比べて、果してどちらが堕落かと問われれば、私はむしろ、前者の方を堕落と考える。

いま社会一般で問題とされているというより話題にされているのは、これを「本心」と見、今までを〝ぬいぐるみ〟と見るか、あるいはその逆と見るかである。いわば、今の状態――簡単にいえば「ニューズウイーク」誌に載った不破書記長の「資本主義体制絶対護持」ともとれる言葉が本音なのか、それとも〝敵〟を欺く仮装なのかという問題である。後者の見方をすれば、鈴木卓郎氏のように「山科の大石良雄説」になり、多くの〝反共の人〟が言うように共産党は「羊の皮をかぶった狼」となるであろうが、前者の見方をすれば「元来はもっとも臆病な腰抜け羊のくせに、否むしろそれであるがゆえに、今まで無理して狼のぬいぐるみをかぶって強がっていた」のだということになる。

どちらの見方が共産党にとって名誉かとなれば、それはむしろ「山科の大石良雄」という見方の方であろうから、私はこの見方をする人こそ、まだ何かの期待をもっているという点ではむしろ〝親共の人〟だと思う。そして共産党員自身、表向きにはこの見方を否定し徹底的な反発を示しているように見えながら、深層心理では、どこかで、そういう見方もしてほしいであろうと思う。それは、復員軍人に、熱烈な軍国主義者を期待するような顔をして、終戦直後に、故意にそれを口にした場合の、彼らの反応に似ている。いわば、どこかで、「今は世を忍ぶ仮の姿」と見てもらいたいのである。

共産党が日本で実際に活動をはじめてから、わずか三十年しかたっていない。この短期間の経過は、日本に輸入された思想——それが仏教であれ、儒教であれ——が、どのような形で天皇制の中に消化吸収され、最終的にはその実体を失ってしまうかを示す、というよう格好の試料だといえる。もちろん、「羊の皮」をぬいでまた火炎ビンを投げ出す、という予想も立てられるし、前述の深層心理的解釈からすれば、そういうことが起らないという保証はない——否むしろ、そういう〝空気〟が醸成され、その拘束をうけて消えゆく最後のロウソクの炎のように、もう一度そういうことが起るという予想の方が、説得力をもちうると思う。しかし、それを行なえば、「通常性」の否定だから、通常性認証のもとで育った党員から多数の脱落者を生ずるであろう。一方、この逆、すなわち通常性の保障の枠を党内から広げて全日本に広げようとすれば、今なお人びとがもつ「異常性期待」――いわば「羊の皮」的見方――を払拭し、完全に通常性の中に埋没せねばならず、それは自らの「共産党的体質」を逆に、改造して行かねばならぬことになる。いわば、共産主義に基づいて日本を改革するのでなく、日本の通常性に基づいて自己を改革しなければならない。もちろんこれは、いまのままで日本の「通常性」と作用し合っていれば自然にそうなるから、意識的な自己改革など必要でなく、ただ時日の経過にそって量的拡大だけ図ればよい。それが自然に自己改革を招来し、これが一番楽な道である。そしてこれが極限までくれば、共産党という名の通常性的政党、いわば〝自民党〟にその内容が変化するはずである。わずか二十年前には、夢にも考えられなかったことが、共産党の責任者の口から当然のように出てくるのだから、さらに二十年後の昭和七十一年には、何が出てくるか、だれにも予想がつくまい――そして今それを口にすれば、橋本前幹事長のように「笑わせてはいけない……」としか、人びとは言えまい。

ではこの通常性とは一体、何なのであろう。また通常性・通常性というが、それはどの期間に区切るべきなのか――というのは、戦国時代の通常性は、必ずしも現代の通常性とはいえないからである。私はこの期間を一応、日本共産党の誕生から現代までとして探究してみたいと思う。そしてこの通常性の基本の第一にあげられるのが「日本的情況倫理とその奥にある論理」なのである。

三

情況倫理という言葉は、学問的にはいろいろなむずかしい定義があるであろうが、これをごく常識的に、いわば日常性的に定義してみよう。この倫理は簡単にいえば「あの情況ではああするのが正しいが、この情況ではこうするのが正しい」「当時の情況も知らず、その情況を欠落させ、いまの（情況下の）基準でとやかく言うのは見当違いだ、当時の情況ではああせざるを得なかった。従って非難さるべきは、ああせざるを得ない情況をつくり出した者だ」といった種類の一連の倫理感とその基準である。この論理は、「当時の空気では……」「あの時代の空気も知らずに……」と同じ論理だが、言っている内容はその逆で、当時の実情すなわち、対応すべき現実のことである。従って空気の拘束でなく、客観的情況乃至は、客観的情況と称する状態の拘束である。従って〝空気〟と違って、その状態を論理的に説明できるわけである。

これは一見、情況に藉口《しやこう》した「無原則の自己弁護」のように見えるので、この態度は非倫理的で「責任逃れ」だと非難することも、この非難に反対してその態度を「故意の情況の欠落だ」と論駁して前者を弁護することも、ともに、きわめて簡単である。これは「天皇の戦争責任」論争をみても、いまの「共産党リンチ事件」にまつわる論争を見ても明らかである。ところが非難をしている者も、その非難に対して自己を弁護している者も、またその弁護を非難している者も実は「同一基準」に基づく考え方の表と裏の堂々めぐりをしているにすぎない。というのは、特高のリンチを非難することは「リンチ」という行為を悪と規定するがゆえに間接的には共産党のリンチへの非難になるという発想はこの情況倫理には皆無で、逆に、特高のリンチへの大声の非難は共産党のリンチへの間接的弁護になると考えている点ではみな同じだからである。これはこの倫理的な基準が、「情況への対応の仕方」にあっても、その対応によって生じた同一の「行為」そのものではないことを示しているであろう。

従って非難の型も弁明の型も双方とも同じだから、文章を入れかえて固有名詞を入れかえれば、相共通する倫理になる。そしてこの共通性は、単に両者の相互性ではなく、他にもこれと全く同じものが出てくる。それは、リンチに対する共産党側の弁明・反論と、戦争責任に対する当時の責任者の弁明・反論とであって、この奇妙な共通性は、対比してみればだれでも少々驚くであろう。そしてこの論理を押し進めて行けば、一方は「大東亜戦争肯定論」もう一方は「闘争・リンチ肯定論」となり、最終的にはともに清く正しく美しい「党・国体の精華の発露の歴史」すなわち「天皇制的無謬史」に帰着するであろうと思う。

「行為」そのもののほかに、この考え方から欠落しているもう一つのものは、実は、「個人」とその責任という問題である。確かに、リンチを行なったのもリンチによって人を死に至らしめたのも、共産党員ばかりではない。特高もその一つだが、軍隊・戦場・収容所には、常にリンチがあった。そしてその情況は、おそらく毎日新聞の社説の「世界に類をみない強権的かつ苛烈」な共産党への弾圧を上回るものであったろう。宮本委員長は、網走では食糧事情がよくて、終戦時には六十キロあったと自ら述懐されているが、これは当時の餓死寸前のわれわれからみれば〝天国〟である。天国という言葉を誇張だと思う人は、餓死の苦しみを知らないだけである。もしこれが「世界に類を見ない苛烈」な弾圧なら、多くの人間が理由なく北はシベリアから南はマヌス島に至る収容所で扱われたその状態の多くは、「苛烈なる弾圧」さえしてくれぬそれ以下の状態だったといえる。そしてそういう状態の下では、確かにリンチはあった。従って人は情況に無縁とはいえぬ。しかし、そういう状態に置かれた人間のすべてが、その「情況に対応して」必然的にリンチを行なったわけではない。そこには明確な個人差があり「やれ」と強要されてもやらない人間もいれば、理由なしに自ら進んでこれを行なうものもある。当時の共産党員は、異常な状態におかれていたであろう。だが、異常な状態におかれていたから、その情況に反応して、すべての人間が同じようにリンチをしたわけではあるまい。日本的情況倫理は常に、こういう場合、「個人」を無視する。

また同じ情況におかれれば、すべての民族が同じようにリンチをはじめるわけではない。戦争中の連合軍側の捕虜の死亡率は、ドイツ・イタリアの収容所では四パーセント、日本の収容所では二七パーセント、それだけでその苛烈さが明らかだが、その中でも特にひどかったといわれるのが、タイ・ビルマ国境のクワイ川の死の収容所だが、ここの記録を調べても、またマニラのサン・トマス収容所を調べても、英米人捕虜の中に暴力機構が発生し同胞をリンチにかけたという記録はない。またソヴィエトの収容所のドイツ人捕虜には、ロシア人の権威を笠に着て同胞をリンチにかけた例はないという。シベリア天皇は、所詮、日本人にしか発生しなかったものらしい。

このことを別の面から見ると、彼らは、例外を除けば、「情況を免責の理由」とは考えない伝統に生きてきたことである。彼らは、宮本氏のような場合、当時の「苛烈なる弾圧」と「リンチ」の間に、因果関係を認めることをしない。そして確かに、情況が苛烈だからリンチがあったという論理は成り立たない。成り立つのは緊急避難が証明された場合に限られるであろう。そうでない場合、彼らの倫理はまことに固定的であり、「リンチという行意は悪」と規定するなら、特高が行なおうと共産党員が行なおうと、下士官が行なおうと暴力団が行なおうと、それは悪であり、またそれが共産党員に対して行なわれようと、捕虜に対して行なわれようと、スパイに対して行なわれようと、等しくその「行為」のみを取り出して「悪」と規定するわけである。ところがわれわれは常にこういう態度はとらず逆の態度をとる。そしてそのことに少しも疑問を感じていないから、戦犯は自己を弁護するつもりで、大声で〝特高〟のリンチを非難するに等しい態度をとる。ところがその非難がそのまま自己への断罪になるとは、われわれは常に、いまの共産党乃至はその弁護者同様、夢にも考え得ないのである。指摘されれば確かに不可思議な態度だとだれでも思うであろうが、こういう不可思議な態度から生じた悲劇が現実にあった。そしてこれは単に共産党リンチまたは戦犯に見られた態度ではなく、またそれに関する一部の新聞報道に見られた態度だけでもなく、ヴェトナム報道にも、西欧のそれとの差として表われた大きな特徴の一つである。

ただわれわれの社会の内部では、この態度は当然自明のことであって、だれもそれを不思議とせず、特高のリンチへの非難は当然に共産党のリンチへの間接的弁護になると、心から信じて疑わない。なぜそうなるか。理由の一つは、「情況への対応」だけが「正当化の基準」とされるからであろう。この点が〝空気〟と違うところ、〝空気〟は、理由が言えずただだ〝空気〟だったと言えるだけ、〝空気〟そのものの、論理的正当化は不可能である。

従って論理的正当化は常に、「造り出された情況」を中心に回転する。そのため、批判あるいは断罪の論理も、また自己もしくは自己がその側に立つ方の弁護にも、そこには常に、戦犯の自己弁護乃至は今回の共産党の自己弁護の基礎と全く同じ論理が展開されて堂々めぐりをする。そしてこの考え方の基礎に関する限り、常に、不思議なぐらい変っていない。

言うまでもなく、その基礎とは、前記の両者が共に暗黙の前提としていること、「情況に対する自分の対応の仕方は正しかった」従ってその対応の結果自動的に生じた自分の行為は正しかった、それを正しくないというなら、その責任は「自分が正しく対応しなければならなかった」苛烈な情況を生み出した者にあるのだから、責任を追及さるべきはその者であって、自分ではない、という論理である。

そしてこの考え方の背後にあるものは実は一種の「自己無謬性」乃至は「無責任性」の主張であり、情況の創出には自己もまた参加したのだという最小限の意識さえ完全に欠如している状態なのである。そしてこれは自己の意志の否定であり、従って自己の行為への責任の否定である。そのため、この考え方をする者は、同じ情況に置かれても、それへの対応は個人個人でみな違う、その違いは、各個人の自らの意志に基づく決断であることを、絶対に認めようとせず、人間は一定の情況に対して、平等かつ等質に反応するものと規定してしまう。これは後述する「日本的平等主義」に起因しているであろう。

となると、共産党の将来は全く「情況次第」ということになる。情況の変化によってはリンチも肯定されようし粛清もはじまる。しかしおそらくその時も、そのすべては「情況に正しく対応した」のであろうが、同時に、政権をとっても情況の創出に対しては一切、責任を負わないということであろう。これは軍部政権の「無責任体制」と同じことになる。

同時に、ここにもう一つの問題が出てくる。それは治安維持法下という「当時の情況を考えれば……」という発想である。この発想は、この問題を扱った朝日・毎日両紙の社説の背後にもある発想であり、情況倫理的見方からすれば当然の発想だが、この発想が実は一つの虚構なのである。人間は「現在の情況から当時を考察する」ことはできても「当時の情況を（当時の情況下で）考察する」ことは不可能である。われわれは、昭和五年当時の特高刑事と共産党員の意識を、それぞれ、何らかの読心術で知ることができるわけではない。たとえ何らかの記録でその一部を知り得ても、われわれはもはやその「意識を自らの意識とする」ことは不可能であり、それはおそらく、生存する当時の関係者にも不可能である。

これは私も同じであって、「三十年前のジャングル戦の意識になって、その意識をいまの意識で捉えて叙述せよ」といわれても、それは天才でない限り、不可能である。ただ一つ可能なことは、現在の意識で当時の自分の行動を見、その自らの行動から逆算して、現在の意識との対比で当時の意識を探ることだけであろう。本人にすら不可能なことが、他人にできるとは思えない。従って、「当時の情況」という言葉は、現代を基準にして構成した一種の虚構の情況であって、当時の情況とその情況下の意識を再現させてそれを把握できるわけではない。従って、この虚構の基準の下に判定される情況倫理に基づく判断は、すべて、現在の情況倫理に反応する現在の意識と、それに基づく判断の過去への投影にすぎず、一種の自己の情況の拡散にすぎない。人間にそれ以上のことはできない。ところが、できないという意識をもち得ないのが情況倫理の特徴である。というのは、過去も現在も共に律する共通の永続的「固定倫理」という共通の尺度がないからである。

時間を超えて過去を計ろうとするなら、過去から現在まで共通する、情況の変化に無関係な永遠的尺度で一つの基準をつくり、その計量の差に、過去と現在との違いを求める以外にない。しかしこの方法は、情況倫理では不可能である。そして不可能であるがゆえに永続的無謬性を別に求めざるを得なくなるのだが、これについては後述しよう。

四

以上のような行き方を「日本的情況倫理」とするなら、この考え方の基本を探るため、まずその対極にある「固定倫理」的見方を検討してみなければならない。

固定的規範というものは、人間を規定する尺度でありながら、実は、人間がこれに関与してはならないのが原則であり、従って、きわめて「非人間的」であり、また非人間的であることを要請される。もちろん、尺度というものは、常に、非人間的であり、人間が自分の方からこれに触れることが不可能であるがゆえに人間が使用できる尺度となりえて、平等に人間を規制しうる。これがその考え方の基本であって、この基礎は、古代における「計り」の神聖視や神授による倫理的規範の絶対化——たとえばモーセの十戒——から、メートル法やさまざまの必然論にまで一貫している考え方である。以上の諸例のうち最も単純で理解しやすいのがメートル法だから、メートル法を一つの倫理的規範だと考えてみれば、固定的規範乃至倫理の考え方の基礎が明らかになるであろう。

メートル法は今では日本をも律している。この「律」に従わねば法律で罰せられる。また法律で罰するという規範は日本国政府がつくったものだから、これは改廃しうる。しかし、このメートル法は不便だからという理由でこの規範を廃棄することもできる。しかし、このメートル法という規範を、「情況に対応して変化させる」ことはできない。確かに、平均してヨーロッパ人より一割ぐらい身長の低い日本人にとって、日本の「間《けん》」という尺度、いわば生活空間をメートルで律するのは甚だ不便である。ル・コルビュジエが、日本の「間」という尺度、いわば生活空間から逆に算出した「人間的尺度」を賛美したそうだが、彼がこの発想をいかに賛美しても、メートルという尺度を、生活空間という情況に合わせて改訂することは不可能である。言うまでもなくメートルは、人間が手を触れることのできない「地球という名の衛星」を尺度の基準としており、従って、宇宙に変化を生じない限り不変であって、その基準は、人間の情況に対応してくれないからである。そして、この「人間が手を触れ得ない宇宙的規範ですべてを律している」がゆえに、いわば人間の恣意も情況の変化も作用し得ないがゆえに、それが公正な規範でありうる、従って人間の任務はこれの厳正なる適用に限られると彼らは考える。そしてこの面における、人間にとっての自由は、この「地球尺」の何万分の一を、自己の生活の規範の基準と考えるかに限られており、人間にはそれ以上のことはできないわけである。

これが彼らの考える「絶対」であり、この考え方は旧約聖書の「摂理」からマルクスの「必然」まで一貫していて、それらもまた、人間も情況もそれに作用し得ないがゆえに「絶対」であり、従って規範でありうるわけである。そのため、一つの非人間的超越的基準を基にした原理は、それを人間の規範と化して平等に人びとを律するため、常に、体系的に細則化して行かねばならなくなる。簡単にいえば、一メートルの十分の一の十センチを立方体とし、それをリットルという容量の基準とし、さらにその容量の水の重量を一キロとして重量の基準とするという行き方である。その際、その基準が人間にとって便利か不便かは第二の問題であって、たとえ不便でもこの体系的基準には変化を加えず、目盛りを細分化して適用することによって不便を克服するという方法をとらざるを得ない。人間を基準にしない以上こうなるのが当然であり、その行き方はメートル法であれ論理であれ倫理であれ、基本的には差はない。そうなると細分化した論理や倫理の単位は、古代のユダヤの律法や、文字通りその名にふさわしい煩瑣哲学の諸概念やその定義のように煩瑣になってきて、人間基準・情況倫理に生きるわれわれはそれに接した瞬間、「なんでこんなことが必要なのだ」と啞然とし、そのすべてを非人間的と感ずるのが普通である。

われわれはこの行き方を、明治以降、さまざまな言葉で〝本能的〟に拒否してきた。確かにわれわれはメートル法ぐらいなら耐えられる。しかしメートル法を造り出した精神には耐え得ない。それは「なぜ、センチとキロとリットルの間に関連がなければならないのか、尺・貫・升の間にはそういった関連はないが、生活を尺度の基準にすれば、いわば『人間』を基準にすれば、それで十分であって、そういう関連を一つの『宇宙的・超越的基準』から算出していきそれで人間を規制する必要はないではないか」と問われれば、これに対してその理由を明確に答えうる者はいない点から見ても明らかであろう。ましてこれが人間の倫理的規範になった場合、「なぜそれが必要か」と問われれば、それを答えうる日本人はいないはずである。事実われわれは、まるでバベルの塔のように構築された体系という名の言葉の構築物を見た場合、また、生活の最末端まで隙なく律したユダヤ教の律法を見た場合、見ただけで一種の拒否反応を起すのが普通である。

だが、それとそれをつくり出す伝統がないから、次のような単純設問にすら、明確に答えられないとは考えない。たとえば、生徒を「オール3」に評価した音楽教師が話題になったことがあるが、これがなぜ正しくないかの的確な論証である。この教師は、

「教育の原点に立ち帰って考えた結果」だと主張し、この「原点主義」は、相当に嘲笑的に批判されたように記憶する。だがこの教師は、おそらく、非常にまじめな典型的・保守的日本人であり、一途に「原点」を考えたからこういう結果になったに相違ないのである。というのは、人間を基準とするという日本的平等主義は、最終的には、こういう結論しか出てこないからである。というのは尺度の基準である人間に同一性を求めるのは当然なことであり、それが動かせれば無基準になってしまう。同時にこの平等的同一性の否定は前述の「個」という考え方を招来するから、人間は同一情況でそれへの対応は個々別々だということになり、日本的情況倫理は成り立たなくなってしまうからである。

だが基準を非人間的な対象に求めれば、「平等」という概念は全く逆に表われる。たとえばメートルを使って生徒の身長を計る。この際に求められる平等は、この「地球基準」という非人間的尺度で平等に人を計って「個」の特長を明確に表示することであっても、「ノッポ」「チビ」と言われて〝差別〟され、平等という人間的基準が喪失することを防ぐため、尺度を「オール3」的に操作して全員百四十センチと記入することではなくなる。また体重を計る。地球と水を基準とした非人間的目盛りの示す通り平等にその結果を記入しても、「デブ」「ヤセ」といわれて〝差別〟され、平等という人間的基準が喪失することを防ぐため、計りを操作することではない。百メートルの競走をする。

人間が動かせない地球基準の長さを百メートル正確に計り、同様に人間が動かせない「時間」を極力正確に計ってその結果を平等に記し、この平等によって「個」を公正に表わすことが平等であっても、一等二等三等は〝差別〟になるから、全員同時に到着するよう、それぞれに操作を加えることは平等にならず、逆に不公正になる。そしてこの際、問題となることは、体力から知力その他に移って基準が複雑になればなるほど、精緻をきわめた基準が必要だということであっても、人間それ自体を基準にして、その人間という基準を動かさないため、尺度を操作して「オール3」をつけるということではない。

だがわれわれの社会は通常すべてに「オール3」をつける。そして「オール3」を導き出すために、尺度に加えられる操作が「情況」なのである。従ってこの教師に安易な批判を加えれば、その批判はそのままその人にもどって来るであろう。同時にこのことは「当時の情況では……」という虚構の仮定が、常に必要であることを示している。人間を基準とし、そのため人間が常に平等な「オール3」であらねばならぬとするなら、平等な人間のある一人が異常な行動に走った場合、それは「情況がそれだけ異常であった」証拠にほかならぬわけである。とすればその情況は、毎日新聞の社説の如くに「……国体の変革、私有財産制度の否認はもちろん、広く社会改革をめざす言論・思想の自由までもじゅうりんした戦前の治安維持法の下で、世界にも類をみない強権的かつ苛烈な特高警察」という情況があらねばならず、それが事実か否かの詮索や他の個人との対比は無用のことになる。そこで、いやそれよりはるかに苛烈な状態下にあった人でも、日本人・外国人を問わず、リンチをしない者が大多数であったという事実を口にしても、「いや、それは情況が同じではない」の一方的断定で片づけてしまって、両者の情況を正確に対比してみようとはしない。情況倫理ではそれが当然である。それでいながら「正しい歴史的認識に立った冷静な取組み」が要請されている。なぜそうなるか。理由は簡単で、前述のようにこの筆者は現在の情況を過去に投影し、現在の情況に対応して発言していること、いわば二重の意味の日本的情況倫理に基づいて発言しているからである。といってもちろん私は、そのことを非難・嘲笑しているのではない。だがそれがわれわれの「通常性」だと言っているだけである。

というのは、リンチに対する共産党の論理も、前述の戦犯の論理も、そして当時の特高の論理も（もし発言するなら）、また新聞報道の論理も、基本的には同じ構造になっているからである。この論理の不思議さの一部は、立花隆氏も、共産党への反論の中で言及されている。というのは、読んで行くと、どうしても辻褄が合わなくなってくるからである。そこでその点を明確にするために、次に、㈠固定倫理　㈡情況倫理　㈢辻褄の合わない論理の三つを並べてみよう。

㈠リンチという「行為」は悪であり、従ってだれがだれに対して行なっても絶対に許されない。人間はこの規範の前に平等であるべきだから、特高のリンチが許されないがゆえに、共産党のリンチも許されない。

(二)リンチを付随する〝世界に類を見ない〟強権的な苛烈な弾圧下にあったのだから、その〝情況〟下に派生した共産党のリンチは、リンチという行為だけを取りあげて同一規範で律してはならない。リンチという行動に出でざるを得なかった情況を創出したものこそ非難さるべきで、リンチを行なった者は非難さるべきでない。従ってこれの探究は「正しい歴史的認識に立った冷静な取組み」が必要である。

(三)前記(二)のような情況にあったことは事実であるが、その情況下でもリンチはなかった。リンチがあったというのは悪質なデマ宣伝であり、その情況を創設した者が、故意にその情況を捨象してデマ宣伝を行なうことは、当時の情況を暗に肯定している証拠であり、従ってその者は、その情況を創設した者と同罪の反共・帝国主義者であり特高の手先である。

立花氏はこの(三)の論理で非難されているわけだが、氏も指摘するように、確かにこの(三)は少々おかしい。リンチがはじめから全然なかったのなら、リンチとの関連において〝世界に類を見ない〟強権的な苛烈な弾圧という情況を云々する必要はないはずである。というのは「なかった」ということは、情況倫理の立場からいえば、それに対応すべき「情況もなかった」ことになるはずだからである。従って〝苛烈なる弾圧〟を前提とする発言は、すべて「リンチはあった、しかし……」という言葉がこの「前提の前提」として存在するはず。ところがこれが捨象されている。そしてこの㈢の態度は、一見奇妙に見えるが、実は、戦前戦後を通じての日本のマスコミの一貫した態度であって、何も日本共産党が今回はじめてとった独自の態度ではない。

たとえば戦時中の「戦場の苛烈なる」情況の説明があるから、不祥事件はこういう「情況」のもとで起ったというのかと思えば、そうでなく、恩威並び行なわれる皇軍にはそのようなことがあるはずはなく、従ってそういうことを言うのは逆宣伝で利敵行為だという。また戦後にソヴィエトが理想郷とされたスターリン治政のころ、資本主義国の包囲下という「苛烈なる情況下」にあったのだと言うから、では一方的にスパイの罪名を着せて粛清することも「収容所群島」を創設することも、その「情況」のもとでは容認さるべきだと言っているかと思えば、そうでなく、そういう粛清はなく「収容所群島」などは社会主義国には存在し得ないのだから、そういうことは反共・帝国主義者のとばしたデマだという。

では一体何の必要があって「苛烈なる情況」という前提を、時にはこっけいともいえる誇大表現で、一心不乱に強調しているのか？　「何もない」「何もなかった」のなら「何もなかった」ことの「前提」などというものは、はじめから「何もなかった」にきまっているであろう。前提とはあくまでも、「一つの状態が現出したことへの前提」のはずだからである。ところが、立花氏が言及しているこの奇妙な矛盾を口にすると、次の瞬間に飛んでくるのは罵詈雑言《ばりぞうごん》ときめつけだけなのである。というのは、ヴェトナム報道でもこれと同じタイプが出てくるからである。ヴェトナム報道でのその論理の細部はいまの時点では指摘する必要がないほど、各人の記憶に残っているであろう。思い起して前記㈢の図式をあてはめてみられればよい。そして昭和初年の一連の共産党リンチの報道を見るとやはり図式は同じで、ただ、政府・共産党の位置がいまと逆転しているだけである。

以上のことは、今日の事件に対する共産党の取り上げ方が、過去および現在におけるこの種事件に対する日本国政府およびマスコミの取り上げ方と、全く同じ図式であることを示している。内外のさまざまな事件に対する見方が、政治的立場と時代を越えて同一の図式を示すことは、その背後に、共通した類型的な思考過程があることを示している。そしておそらくそれが、日本における「通常性」的判断の論理的基本なのである。

五

では一体なぜ、上記のような、論理にはなり得ない㈢の主張がなされるのであろう。言うまでもなくこの背後にあるものが「オール3」的情況倫理である。

メートル法のように、規範を非人間的な基準においてこれを絶対に動かさない場合は、その規範で平等に各人を律すればよい。この場合の不正は、人間がこの規範をまげることである。だがこれが徹底化し、行為のみが規制の対象となれば、情況倫理という考え方は一切なくなる。簡単にいえば餓死寸前に一片のパンを盗もうと、飽食の余興に一片のパンを盗もうと、「盗み」は「盗み」として同じように処罰される。西欧の伝統は一貫して峻厳な固定倫理であり、そのゆえに十九世紀以降、これへの痛烈な批判が起って不思議ではない。

ところが日本は元来、メートル法的規制、人間への規制は非人間的基礎に立脚せねば公平ではありえないという発想がなく、全く別の規範のもとに生きてきた。いわば元来の発想がきわめて情況倫理的なのである。こういう社会へ、西欧でその伝統への〝進歩的な批判〟として発生した情況倫理が、その伝統を抜きにして、独立した一つの権威として入ってきたらどういう状態になるか、その結果は、これによって一見西欧化したように見えて、実は日本がさらに深化し、徹底して日本化することではないか、否、確かにそうなるはずだ、という問題意識をもった人は、キリスト教倫理の専門の研究者の中には、例外的にはいた。前にＩＣＵの古屋安雄教授から、十数年前、ジョゼフ・フレッチャーが「情況倫理」をひっさげて日本に講演に来たとき、「あなたのような所説は日本ではかえって有害だから、早く帰ってくれ」と言われたという話をきいた。だがこういう人は例外者で、「自らに適合する新しい説」は、自己の生き方への外部的権威からの認証として受け入れて、自己徹底を計るのが普通である。これが常に反復されるから、そのたびに日本がさらに徹底して日本化し、いわゆる西欧化の進行とともに逆に断絶が深まっていき、最終的には実質的な〝鎖国〟へと進むわけであろう。そして日本共産党もまたその例外ではなく、この徹底化で重要な役割を演じているわけである。

なぜこうなるか。否、なぜそういえるか。――ここでもう一度〝原点〟とやらにもどってみよう。人間を尺度の基準とするなら、すべての人間が「オール3」的平均値を示さねば、尺度とはなり得ない。当然である。そして基準が人間の方にあるなら、輸入の尺度はそれに対応しなければならない。とすれば身長「オール百四十センチ」と計るには、物差を伸縮自在なゴムでつくって、尺度の方を身長に合わせねばならない。こうなれば全員は平等であって、一切の〝差別〟はなくなるであろう。

いや、そういっても、人間の社会生活は複雑だから、社会に出たら、ゴムの物差で身長を計るようなわけにいくまい、と考えるならそれは誤りで、この伸縮自在な物差に相当する倫理的尺度が「情況」なのである。人間がそれぞれにもつ人間性は基本的には「オール3」であって、平等である。それが別々のように見えるのは、対応する情況が違うからであって、ただそれだけにすぎない。従ってリンチが一見「異常」と見えるのは、それが対応した情況を捨象しているからそう見えるにすぎないということになる。一見合理的な説明に見えるが、こうなると、人間の同一性を示すため、ある人間の異常な状態に対して、それに対する情況というゴムの物差を、ぐんぐん引きのばして行く結果になる。これが、ある情況に対する驚くべき誇大表現になって表われる。その例はいくらでもあると言うより、ありすぎて困ると言った方がよい。そしてその特徴は、引きのばしたゴム尺に表われるのと同じ特徴で、具体例を積みかさねて細かく「目」をつめることができないから、間延びした空疎な誇大表現の羅列となり、ひっぱっている手をはなせば（ということは誇大表現を除けば）あっという間にちぢまってしまうのが普通である。

だがこの日本的情況倫理は、実は、そのままでは規範にはなりえない。いかなる規範といえども、その支点に固定倫理がなければ、規範とはならないから、情況倫理の一種の極限概念が固定倫理のような形で支点となる。ではその支点であるべき極限としての固定倫理をどこに求むべきかとなれば、情況倫理を集約した形の中心点に、情況を超越した一人間もしくは一集団乃至はその象徴に求める以外になくなってしまう。西欧が固定倫理の修正を情況倫理に求めたのとちょうど逆の方向をとり、情況倫理の集約を支点的に固定倫理の基準として求め、それを権威としそれに従うことを、一つの規範とせざるを得ない。

これが前述の㈢の論理である。立花氏の指摘通りこれは矛盾している。だが、人が一つの絶対基準を求める場合、その対象は「聖」であり「超越したもの」であるから、それへの定義は矛盾して当然である。従って矛盾こそが「支点」である証拠といえる。言うまでもなく、この論理は、「通常人は平等であり、オール3」である。この通常人は、世界に類例を見ない「苛烈なる弾圧」下にあれば、この異常な情況に対応して、リンチといった異常な行為に出ても不思議ではない。従って、この情況を捨象してリンチだけを取り上げるのは、特高と戦前の暗黒政治を肯定する反共主義者である。たとえリンチがあっても、それは不思議でない情況であり、「オール3」的人間は、当然、その情況にそのように反応したのであろう。だからそう見るのは当然だが、共産党にはリンチはなかった。ということは、無謬なる超越者であったということである。これは実は「奇跡」を証明する論理と同じ構成になっている。

　日本における（外国は別）スターリン賛美の論理も、日本軍への「神兵化」も、ヴェトナム報道も、毛沢東礼賛も、常に同じく、この論理による一種の「神格化」である。そしてこの論理の矛盾を指摘した者、また情況という名の尺度の虚構性を指摘した者は、常に一種の「瀆聖罪＝不敬罪」として非難される。そして非難されて当然なのである。というのは、この支点的絶対者を、どこかに設置しない限り、いわば一種の人間尺の極限概念のような形でゴムの一端をどこかに固定しておかない限り「オール3」的評価の「3」が設定できず、従って、平等は立証できず、情況倫理も成立しないからである。

　そしてこの考え方こそ、日本の最も伝統的な考え方で、昔の表現に従えば「一君万民」であり、これが、その考え方の基本となっている平等主義である。この表現を今様に言いなおせば「万民」とは「オール3民」ということ、「一君」とは、それへの対比において各人が平等であることを計る「人間の極限的概念」すなわちゴム尺の固定点のようなものであり、その支点的な固定点があって、それでゴムを伸縮して、はじめて「オール3民」が保証されているわけである。というのは、日本的意味の平等では、自らの平等を各自が対比できる一点がない限り、平等という意識はもち得ないからである。「オール3」とそれをつける教師との関係がその最も素朴な関係で「一教師・オール3生徒」であって、この場合は、教師が「一君」的極限生徒である。ということは、この教師が「絶対」であり、「天皇」であり、それ以外に尺度を支える〝原点〟がないということである。

情況倫理という日常性は、否応なくここへ行きつき、ここに到達して一つの安定をうる。「一人の絶対者、他はすべて平等」の原則。おそらく共産党も「一委員長・オール3党員」になっているであろう。従って、前記のような言葉は、一切が共産党にとっては「不敬罪」である。

だが、こういう日常性の集約的中心点は、日本の伝統の延長線上にはありえても、カール・マルクスには関係ないであろう。そして情況倫理が、「当時の情況では……」といえる虚構の一貫性をもちうるには、この極限の無謬性と永遠性が保証されねばならなくなる。

六

情況倫理は情況を設定しうる一定の基盤がないと成り立たない。一君万民の原則、簡単にいえば、一教師・オール3生徒であれ、一委員長・オール3党員であれ、一会長・オール3会員であれ、一つの固定集団が一定の情況を創造しなければ成立し得ないわけである。この点、情況倫理とは、集団倫理であっても個人倫理ではなく、この考え方は、基本的には自由主義とも個別主義とも相いれない。そしてそういう意味では、一種の「滅私的平等」の倫理であり、そのことは「オール3」という評価法にそのまま表われている。

この発想の基本は戦前も戦後も変化なく、変ったのは「表現の方法」だけ、いわば「評価する者の絶対性とその者による情況の恣意的創出」を前提としなければならぬこと、簡単にいえば、一君を神と認め、「現人神」「現教師神」の存在を前提としない限りこの方式は成り立たないことを、さまざまな表現で隠蔽しているにすぎないのである。情況を創出しうるものは確かに人間の範疇には入らない。従って、オール3教師が「教育の原点に立ち帰って考えれば、こうせざるを得ない」と言ったことが、「日本教的教育……」の意味なら、まさにその通りである。

だがここでわれわれは、非常に複雑な相互関係に陥らざるを得ない。「空気」を排除するため、現実という名の「水」を差す。従ってこの現実である「水」は、その通常性として作用しつつ、今まで記した「一絶対者・オール3」的状態をいつしか現出してしまう。ちょうど「雨」にたたかれていると一切が腐食で崩れて平坦化していくような情況である。ただ一つ残るのは「絶対者＝情況倫理をつくり出す起点」はゴム尺をとめる〝原点〟の固定点で、結局はこの固定点の「意志」だけが絶対視され、他は平等だから、意志決定は最終的には、この固定点にしかない。もっとも固定点は直接に命令を下す必要はなく、情況を創設すれば十分なのである。従って平等者はこの固定点に直接に判断を求めることは例外的にしかできない。そのためこの固定点をそれが創出する情況に応じて臨在感的に把握する以外に方法がなくなる。いわば、「聖意を体して……」以外になくなるわけだが、そう把握すると、「空気」ができてしまうのである。従って「空気」を創出しているものも、結局は「水＝通常性」なのであり、われわれは、この空気と水の相互的呪縛から脱却できないでおり、この呪縛の中には固定的規範は入り得ないわけである。

では、この日本的「通常性」である情況倫理が、いかなる考え方を基本とし、どのような外面的変容を遂げつつ、どのような形で現在を規制しているかを、その始源の一つと思われるものと、戦前・戦後との対比の中に探ってみよう。その基本としてまず、次の言葉をあげねばならない。

葉公《ショウコウ》、孔子ニ語《ツ》ゲテ曰ワク、吾ガ党ニ躬《ミ》ヲ直《ナオ》クスル者有リ。其ノ父羊ヲ攘《ヌス》ム。而《シコ》ウシテ子之レヲ証ス。孔子曰ワク、吾ガ党ノ直キ者ハ、是レニ異ナリ、父ハ子ノ為ニ隠シ、子ハ父ノ為ニ隠ス。直キコト其ノ中《ウチ》ニ在《ア》リ。――『論語』子路第十三

これは私的信義という面で、渡部昇一氏も取り上げられたが、ここではこれを、一応、旧約聖書の次の言葉との対比で取り上げてみよう。

主は言われる。「その時、彼らはもはや、『父がすっぱいぶどうを食べたので、子どもの歯がうく』とは言わない。すっぱいぶどうを食べる人（だけが）みな（等しく）、その歯がうき、人はめいめい自分の罪で死ぬ」――『エレミヤ書』三一28―30

有名なこのエレミヤの言葉を、「人類最初の〝個人主義〟宣言」だと言う人もいる。エレミヤは紀元前六〇〇年ごろ活躍した人だから、孔子より二百年近く昔の人。両者とも実に古くかつ長く広く、人びとの考え方の基本を律してきた。というのは、イエスに最も強い影響を与えた先人の一人はエレミヤで、その思想は聖書全般に影響を与えてい

るからである。同じように孔子とその後継者の直接的・間接的な影響の絶対性は、彼が、徳川期の日本において〝聖人〟と呼ばれ、その教えが〝聖人の教え〟といわれた点から見ても、異論の余地はあるまい。そしてこういう長い伝統が、それぞれの民族の下意識的部分を拘束しているという点では、彼らもわれわれも差はない。わずか三十年で、ヨーロッパ人を孔子↓日本的儒教の伝統的規範で律することが不可能なら、同じようにわずか三十年で、日本人をエレミヤ↓イエス的規範で律することも不可能なはずである。

そしてこういう差は、国際的な共通項をもつ事件が出現すると、よくわかる。「親がすっぱいぶどうを食べたから、子の歯が浮く」と考えることを、伝統的に神の戒命に反する罪として禁じられた者は、「親が黒いピーナッツを食べたから、子の歯が染まる」と考え、この考え方に基づいて反射的に行動することはできない。従って丸紅の社員の子供を排斥するなどとは考えられぬこと、まして、この排斥への批判に対して、「そういうふうに社会を学ぶことにも意味がある」といった弁護的な投書が新聞に出る気づかいはない。人はそれぞれ「自分の罪で死ぬ」のであって、親子といえども無関係なのである。

まして、丸紅の一被雇用者であり、同じ労働者である者の耳に、同じ労働者が拡声器をあてて大声を出し、その鼓膜を痛めて医者にかよわすなどということはありえない。これでは資本家対労働者という図式を労働者自身が信じていないことになり、「重役が黒いピーナッツを食べると、社員の鼓膜がやぶれると、いまなお言える」であって、個人主義的倫理という点から見れば、二千六百年前に聖書が否定した「罪九族に及ぶ」を、さらにさらに拡大解釈し、一会社を一家族と見てそれを実施している、原始未開の人間ということになってしまう――もっとも、やってる本人にとっては、それが〝進歩〟なのだろうが。また何か事件があるとその親が写真までそえられて新聞に登場する。そしてその親に向って「国民に土下座をしろ」などという投書が新聞に載ったり、親が首をくくったりする。「子がすっぱいぶどうを食べたら親の歯が浮く」に等しく、「子供が浅間山荘にこもったら、親が自殺するとは、もはやいえない」社会ではない。われわれの社会は一蓮托生〝罪九族に及ぶ〟がさらに拡大された連帯責任の社会、いわば集団倫理の社会、これが日本的情況倫理の基盤になっており、共産党はその最先端を行っているのだから、この基盤がある限り変革はあり得ない。

今まで記したことを、日本的儒教倫理の側からもう一度言うと、「わが社の直き者はエレミヤと異なり、社長が黒いピーナッツを食べても重役は社長のために隠し、重役が黒いピーナッツを食べても社長は重役のために隠す。直きことその中にあり」であって、これが正義・真実なわけである。従って証人に呼ばれて「知りません」「存じません」「記憶にありません」というのは、事実ではなくとも、その中にこそ真実があり、それができる者が左右を問わず「真実の人」なのであって、よくも悪くも、われわれの社会はそれで成り立っており、徳川時代はもちろん三十年前までは、これが公然の規範であった。この規範は、当然に連帯責任となる。従って、丸紅の重役の規範も、一見これを非難しているかに見える労組員の拡声器も子供の排斥も、実は、われわれが潜在的にもっている日本的儒教的規範から出ているのであり、考えてみれば、それが当然であって、それをしない者はむしろ例外者である。少なくとも数百年の間に培われた伝統的規範が、三十年で一変するわけはないし、本当に一変したら日本の社会は崩壊してしまうから、それを非難しても、その規範からだれも脱し得ない。そして非難も実はその規範に基づいているのである。

従って社会は、この「拡声器・労組員たち」が、丸紅の重役と全く同じ規範で行動しても、少しも不思議に思わない。というのは、そういう行為はだれがやったのかと質問しても、全員が「父は子のために隠し、子は父のために隠し」で、「知りません」「存じません」「記憶にありません」で絶対に本人が出て来ないのが普通だからである。そしてもし、「父が拡声器に口を当てようと子が口を開くわけではない」の原則に立って、子が、すなわち下部組織内の人間が事実を口にすれば、それは「真実・正義」のなきもの、いわば不徳義の嘘つきとして、追放され処罰されるにきまっており、例をあげろといえば、いくらでもある。

このようにこの点に関する限り、右も左も資本家の側も労働者の側も変りはない。従って共産党も例外でなくて当然だから、共産党のリンチ事件に対する態度が「父は子のために隠し、子は父のために隠す。直きことその中にあり」であって当然である。そして当然であるからこそ、「父は子のために〝ノゾキ見〟を否定し、子は父のために〝ノゾキ見〟を否定し、直きことその中にあり」である。第一、丸紅であれ、共産党であれ、新聞社であれ、そうでなければ秩序が成り立たない。この場合、エレミヤのような態度をとれば、それは「直きこと」なき者であり、すなわち嘘つき、悪人であってこれまた当然である。そしてこの点において、共産党は最も正確に伝統的倫理を守っている実に立派な保守党であり、それはあらゆる面に表われている。

いわゆる京都の〝赤いピーナッツ〟なる事件が起ったときの共産党の態度もまさにそれで「……唯一の根拠とする金井社長発言は単なる立ち話にすぎず、何ら信頼できるものではない。この社長の言動は正常な判断に耐えるものではない。党議員団はこの問題と無関係である」「黒いうわさは事実無根。灘井氏は潔白。悪質な謀略だ」と声明している。この声明は基本的には、七日会における田中角栄氏の声明と同じだが、さて、動かざる証拠が出て来たらどうするのか？　私は、共産党がとったと全く同じ方法を自民党もとるであろうと見ている。いわば、「本人の資質だ」「腐敗は灘井個人のものだ」で、簡単にいえば親にふさわしからぬ「不肖の息子」として勘当し、父子の縁を切ることによって、一切の決着がつくのである。そしてこの原則は「親」の場合は「隠居」ということになるわけで、丸紅も全日空も大体共産党と同じ原則で「一件落着」となったわけであろう。だが、鎖国時代ならいざ知らず、近代社会ではこの行き方では何としても解決できない問題が出て来るわけで、それが端的に出て来るのが「公害問題」(「公害問題」であって「公害」ではない)や外交問題なのだが、これについては後述するとして、まずこの考え方の〝原点〟にもどってみよう。

中国思想について私は何も知らないが、専門家によると、この日本的儒教思想と中国思想は根本的に違うという。その説明を聞いて、その上で孔子のことを考えると、確かに彼の生き方は日本的ではない。彼にとって「父と子の倫理」は文字通りの父子の倫理だったのであろう。というのは、彼は、同時代の諸侯に対しては、絶対にそういった態度をとっていないからである。その生き方は、終身雇用と会社への帰属もしくは組織への忠誠を絶対視する現代の日本人より、自分を認め、自分のプランを採用してその実施を一任してくれる組織を自ら選ぶアメリカのエグゼクティブに似ており、それを近代的というなら、孔子の方がいまの日本人より近代的である。彼は、自分を正しく評価した上で自分を招聘《しょうへい》してくれる諸侯(大企業?)を求めて、広い中国を歩きまわるのを当然と考えた。そして、両者の関係は、日本的・臣従的雇用というより、むしろ対等の契約関係に近く、招聘者が契約通りに彼を用いなかった場合、そこを去ることを、彼は当然のことと考えていた。前記の彼の言葉を、こういう生涯を生きた人の言葉として読むと、徳川期の主従の関係もいまの日本のそれもこれと同じではない。

その差はどこにあるのか。孔子は確かに相手に対して誠実であった。諸侯の一人に仕えた以上、彼はそれに対して、忠誠であったが、しかしこの関係はあくまでも相対的な「君君たらずんば、臣臣たらず」といった関係で、いわば両者の関係は信義誠実を基にすべきことであるといった契約的な意味の誠実さで、これがおそらく「忠」という概念であろう。彼にとって、この「忠」という概念と、血縁といういかんともしがたい非契約的な秩序の基本である「孝」とは、あくまでも別概念であったろう。別概念だからこそ、別々の言葉で表現され、この二つを同一視すれば、とんでもない社会を招来してしまうと考えたはずである。従って前述のように、父子ではない会社や組合といった組織にまで父子の倫理を拡大してこれを儒教と呼べば、彼自身が激怒して反対したかもしれぬ。もっともこの点には複雑な問題があると思うので、以上の規定は一応、変形された「日本的儒教」と呼ぶべきものと考えよう。

言うまでもなく、三十年前までの日本は、「忠孝一致」で「孝」を組織へと拡大化した状態を「忠」と呼び、「君、君たらずとも臣は臣たれ」を当然とした社会であった。これは徳川時代には封建諸侯への臣従を絶対化するイデオロギーであったが、明治以降はこれが極限まで拡大され、その極限におかれたのが天皇であった。この体制は第二次大戦という打撃で崩壊したわけだが、物理的崩壊が質の変化を意味しないことは言うまでもない。それはすぐさま、新しいさまざまな組織を、「孝」の対象と化し、それぞれが〝一家〟を形成したというだけである。そして戦後は、逆に、それを形成しやすい土壌を提供したわけである。

上前淳一郎氏が記されているように、三十年前、一学期に黒板に「大和魂」と書いた教師が二学期に黒板に「民主主義」と書いたからといって、何かの変化が起るはずはない。教師も生徒も、その通常性（日常性）においては数カ月前のままであるのが当然である。変ったものは、この通常性の上に立っていた一つの虚構、孔子における「父と子」の間のような「直きこと」、簡単にいえば虚構の応酬の中の一世界のタイプの変更だけである。古い虚構も新しい虚構もともに虚構だから、黒板の文字を書きかえればそれですむ。だが、もしわれわれが、本当に「通常性の規範を変えろ」と言われたら、到底、そんな簡単なわけにはいかない。それならなぜ、黒板の字の書きかえのように一見きわめて簡単に〝改革〟が行なわれたのか。それはアメリカのもたらしたイデオロギーが、「自由」と「民主」の二つだったという面白い事実に基づく。

アメリカ人は、実に素朴にこの二つが結合するものと考えていた。しかし、一民族を全く無干渉に自由に放置しておいたらどうなるか。それは、否応なく伝統的文化規範による秩序をつくるにきまっている。そしてそれを形成するのに、何の苦労も努力も摩擦も生じないのである。それは、真空状態のような収容所にも発生したが、「土着の秩序」

と言ってもよい秩序であろう。そこの人びとが、その人びとがもつ無意識の通常性的規範通りに生活していけば、否応なくできあがってしまう秩序である。従ってアメリカが「民主」を棄却して「自由」だけをもたらし、全く自由のままに日本を放置しておいたならば、数百年の伝統をもつ規範がそのまま社会秩序となって行ったであろう。言うまでもなくそれは日本的儒教的規範の世界——いわば一君万民の情況倫理の世界である。そしてこの世界は、エレミヤ的伝統をもつ世界と、その文化的規範が違って当然だから、自由にしておけば自分で自由を失うという結果になって不思議ではない。そのため、自由にしていて自由を失うまいとすれば、「一君万民・オール3的、事実を口にしないことが真実」というすべての組織から脱落する以外になくなるが、脱落とはいわば勘当であり、勘当されたものは一切の権利を実質的に失うから、また自由を失ってしまうわけである。そのため戦後三十年、いまの日本人にとって、全く扱いづらい概念になってしまったのが、実は「自由」という概念なのである。

後述するが、「社会」乃至は「社会主義」という概念は、明治のはじめから戦前・戦後を通じて、少しも扱いづらい概念ではない——一委員長・共3党員《オール》と、「父と子の相互隠蔽」の倫理に立つことを社会主義と考えるならば。そしてそれによって一見「民主主義」的な社会をつくることも、また可能なのである。「父は子のために非民主的なことを隠し、子は父のため同じように隠す」ならば、どこから見ても民主主義であろう、いまの日本同様に――ただ個人の「自由」を排除しておけば。

七

戦前の日本の軍部と右翼が、絶対に許すべからざる存在と考えたのはむしろ「自由主義者」であって、必ずしも「社会主義者」ではない。社会主義は、ただ方向を誤っただけで、彼らの意図そのものは必ずしも誤りでないから、方向さえ変えさせれば、いわば転向さえすれば有能な「国士」になると彼らは考えていた。従って、転向者の多くは軍部の世話で、「満鉄調査部」に勤めていたところで、それは必ずしも不思議ではない。だが彼らは、自由主義者は、箸にも棒にもかからぬ存在と考えていた。この考え方は、青年将校などにも明確にあり、自由主義者とは「転向のさせようがない人間」いわば、彼らにとっては、「救いがたい連中」だったわけである。では彼らはどういう人間を「自由主義者」と規定したのか。簡単にいえば、あった事実をあったといい、見たことを見たといい、それが真実だと信じている、きわめて単純率直な人間のことである。なぜ、彼らはそれを嫌ったか。それは、今までのべてきた「父と子の相互隠蔽」の規範を、組織の規範とした場合、上記の原則が逆用されて、それが忠誠への尺度となるからである。従って、彼らは〝自由主義者〟を何事に対しても「不忠」な「一切の組織に不適合」な人間だから、信頼できかねると感じたわけである。

規範の逆転で忠誠を計ることは、前述の倫理を逆にあてはめればだれにでも簡単にわかるであろう。たとえ父子ではなくＡＢという他人であっても「Ａが羊を盗んだことをＢが隠し、Ｂが羊を盗んだことをＡが隠す」ならば、「直きこと」すなわち正義と真実は両者の間にあり、従って相互の信頼に基づく組織が確立する。社長が黒いピーナッツを食べている現場を見ても、共産党員がたとえ〝共産党員のノゾキ〟の現場を見ても、「知りません」「存じません」といえば、それは「直きことその中にあり」で、これはその組織に誠実な社員、最も信頼できる党員なのである。七日会で、田中元首相が私は潔白であるという。そうでない証拠に多額に金を現にもらっていても、それを口にせず、その通りだといえば「直きことその中にあり」で、誠実なる会員なのである。またリンチの現場にいて、現にそれを見た、それはこうであったと過去に証言しても、〝情況〟に応じて「断じてありません」といえば「直きことその中にあり」で、誠実な党員なのである。だがその論理は少々おかしい。それでは全部が虚偽になって収拾がつかなくなるではないかといえば、それがいわば「固定倫理」の考え方、情況倫理は、対内対外という情況の変化はもちろん、あらゆる事実は情況に対応するのだから、その〝真実〟が事実になるように情況を設定すればよい、いわばゴムの尺度を事実の方に合わせればよいわけである。「彼が羊を盗んだのはかくかくしかじかの情況のもとで行なったのだから、その情況を捨象して、〝盗み〟だけを云々してその人間を規定するのは正しくない。

もっとひどい略奪が横行していた当時の情況を故意に無視するものは、保守反動である」といえば、人間みな「平等」でその行為は一に情況に対応しているのだから、その内部ではそれで十分、そして「それでなお彼は盗まなかった」といえば忠誠が証明されるわけである。従って「一君万民」「一教師・オール3生徒」の平等主義と情況倫理は絶対に切り離せないわけである。

そしてこれが、われわれにとって最も適合した状態であることは、最近、企業内にも、「一君万民」方式をとるところが現われたことにも示されている。ある会社の社長が経営雑誌で「日本人ヨコ社会論」をのべ、従来の「タテ社会論」を否定する発言をしている。それを要約すると、「一社長・オール平社員」で、社員を「ヨコ」の平等におき、〝自由〟にしておくことが最も能率的だという意見である。共産党の「革新政党の党員に〝特等席〟はない」も同じ行き方だが、この行き方は、一見新しそうで、実は最も伝統的な発想で、日本軍の中にすらこの一面があったことは前にも記した。日本的自由と平等は、自由に放置すればここへ来るわけで、そのことは戦前にすでに現われている。

そのようにわれわれは常にここへ回帰して来るわけだが、孔子はおそらく、そういったことを言ったのではなく、これは儒教に触発された「日本教」の一公理なのかもしれない。言うまでもなく、この「一君万民・情況倫理」の世界は、集団倫理の世界である。この世界は結局、いくつかの集団に分裂し、その集団の間には、相互の信頼関係は成り立ち得なくなる。一教師・オール3生徒は、他クラスと遮断してはじめて成り立つ。そのため、その諸集団共通の一つの問題が発生したとき、相互に相手が信頼できなくなり、決定的な分立となる。そしてこのままこの分立を避けようとすれば、全日本的な「一君万民」を樹立すべきだという発想しか出て来なくなるのである。

前にものべたように、私は今まで、しばしば「公害問題」を取り上げた。これはもちろん「公害」を取り上げたわけではない。私は、科学上の分析値とそれが人体に及ぼす影響については、発言権のない〝非科学的人間〟である。その私がこれに関心をもったのは、「公害」よりむしろ公害に触発されたさまざまの問題、一言でいえば、以上の情況倫理・集団倫理に科学上のデータがどう作用しどう結果するかという点であった。科学上のデータは、こういう社会では最終的には扱えなくなり、最後には科学否定の神がかりが発生するはずで、私は日本軍の中でやや〝科学的〟であった砲兵の一員として、いやというほどそれを見せつけられて来たので、同じ状態を呈するのではないかと、興味があったわけである。

何よりも面白いのはまず「資本の論理」と「市民の論理」という言葉が出て来たことであった。たとえばイタイイタイ病の場合、最も大切な問題は厳密な原因探究に基づく正確な診断であり、次にそれに基づく正しい治療であり、同時に新たな患者が発生することを防ぐ的確な処置である。問題の中心はここにあり、ここ以外にないはずであって、これを踏みはずせば、患者は正しい治療が受けられず、従って治癒は望めず、また新たな患者の発生も防げないだけでなく、あらゆる無駄な努力・無駄な投資を行ないながら、何の結果も得られないはずである。それは太平洋戦争に等しい経過と結末を見るであろう。といっても、そのことは、ある時点のある医師の診断や治療法に誤りがあっても、それが原因ではないのである。新事態への誤断は当然のこと、別に不思議ではない。誤断がなければむしろ奇跡である。

これはあらゆる問題でいえることで、私自身、戦前の結核患者だが、今にして思えば、当時はずいぶん無駄な治療も受けていたのだと思う。だがそれがさまざまな面で改善され、医学の進歩の導入とともに治癒に向ったのだから、「無駄」は決して無駄とはいえない。だがイ病は、外国の鉱山では発生せず、日本にしかないものだそうだから、外国の「自由な研究の成果」を導入するわけにいかず、その治療法も将来への予防も、日本だけで解決しなければならないという点で、特色ある問題である。一体これは、どのようになるのであろうか？　治療・予防・防疫等について、絶えず誤りを修正するという形で、年々歳々の進歩が望めるのであろうか。もしそれが望めそうもないとするなら、その理由はどこにあるであろうか？　それはおそらく、医学にも科学にもなく、集団倫理と情況倫理、いわば「父と子が互いに隠すのが直きこと」の倫理にあるといわねばならない。

「資本の論理」とは、おそらく次のような意味なのであろう。「父は子のため隠し、子は父のため隠す、直きことその中にありだから、カドミウムについても、ピーナッツについても、社員は会社のために隠し、会社は社員のために隠す。正義と真実はその中にありのはず。そうでなければ、相互の信頼に基づく会社という組織が成り立っているはずはない。成り立っていること自体が、彼らが〝事実〟を隠している証拠である。従って事実を提示すれば、彼らは論理的に情況を創出・設定し、その情況に対応するものとして、自己を正しいとするであろう。それが〝資本の論理〟従って、彼らの論理は一切信用できないと同時に、それによって成り立つ組織自体が悪であるから、企業は悪である」と言うことであろう。これは確かに一面の事実だから、こういう見方が出ることは当然で、この見方が出てはならないと言ってもそれは無理である。というのは、批判される側だけでなく、批判をする側も同じ原則で動いており、自らの原則に基づき、自らの体験によって、相手を判断しているからである。

そのため、この論理はそのまま批判する者のうえに帰ってくる。「イ病の原因はおそらくカドミウムではない。だが、父は子のためそれを隠し、子は父のためそれを隠す。真実と正義とはその中にありだから、だれも〝事実〟は口にしない。従ってイ病の本当の原因は実はわかっていない。だが、それを言えば、相手は、その〝真実〟を事実だとするあらゆる情況を論理的に設定し、その設定を認めない者を非倫理的と糾弾してしまうであろうから、結局〝事実〟はわからない。現に、故児玉隆也氏が取材に行ったとき、まず最初にきかれたことが『あなたは、どちら側に立って取材するのか』と言うことであった。これは簡単にいえば、どの側と〝父と子〟の関係にあるのかということであろう」

八

もちろん私は、カドミウムについては全く無知である。そして資料を集めれば集めるほど無知の度が深まるにすぎない。なぜそうなるかといえば、この二つの「論理」なるものを、それぞれの集団倫理の中に設定された情況に基づく〝真実〟と見なさざるを得ないからで、こうなるとすべての人は、何かへの「忠誠」を起点として、そこを出発点とせざるを得なくなるはず。簡単にいえば、「カドミウム」という言葉はもはや専門の金属学者以外のものにとっては、金属名ではなくて、その言葉をどう受けとるかで、その人間がどの集団の「父」に対して「子」であるかの、判定用リトマス試験紙となってしまうからである。従って私は、金属学者の使うカドミウムと〝カドミウム〟ははっきりわけて考え、カドミウムへの判断と〝カドミウム〟への判断は、全く別の判断と考えている。もちろん私は専門学者のカドミウムの説明はそのままうけとるが、〝カドミウム〟はもはやそれとは別の、同音異義語になっていると考える。従ってあらゆる発言は、相手から見れば〝陰謀〟となって不思議ではない。

これが大変に面白く出ているのが、最近の朝日新聞への投書である。次に一部を引用する。「自民党政調・環境部会は『イタイイタイ病、カドミウム原因説は認められない』という報告を出した……ここに腐敗が表面化した保守体制を守るための深遠な陰謀が展開され始めたように感じられる……カドミウムは有害物質である。その存在自体が人間はじめ生物にとって有害なのである（これがすなわち〝カドミウム〟）……今回、このような問題が提起された理由にカドミウム原因説が科学的に実証されていない点があったようだが、科学は万能ではない。今日の科学では解明できないことを、科学的でないという言葉にすり替えてカドミウムをたれ流していた企業を弁護しているのは問題である。……私たちはこれらの問題すり替えを許さぬよう断固戦うべきである」

別に論評の必要はあるまい。集団倫理が行きつく一つの結論であって、科学的結果にまで〝情況〟が入ってきてしまうのである。だがこうなってしまうと、自由なる発想も探究もすべて情況に支配されて原則的には不可能となり、人間はあらゆる面で、情況に対応した一つの結論から脱却も前進もできなくなるはずである。一言でいえば、保守化せざるを得なくなる——もちろんそれを自由とか進歩と名付けるのは勝手だが。それでは公害解決の面でも、また他の面でも、まず「公害問題」が解決しない限り解決せず、その解決の方向も、「問題の解決」の方向であって、公害の解決にはなり得なくなるはずである。

そうなると、そして「それではいかん、本当に公害を解決せよ」となると、前に記したように「全工場をストップせよ」的な「人が死ねばガンがなくなる」的になるか、あらゆる「父と子隠し合い体制」を破壊しなければ、どうにもならないという発想が生れる。これらの発想に基づく破壊は部分的には行なわれたわけだが、破壊によって招来された自由は、否応なしに、その通常性に基づいて秩序立てられていくから、さらに、伝統的文化的規範の強いものになっていく。それは新左翼諸集団の鉄パイプ相互殲滅戦を見れば明らかであろう。そして各集団がこれを繰りかえして行けば、結局、「一君万民」的体制へと回帰していくわけである。

そしてこれは、実をいうと明治以来、さまざまに表現を変えながら、まるで宿命のように絶えず繰りかえしている一つの現象なのである。次にそのほんの一例をあげるが、それがだれの考え方か、戦前的なのか戦後的なのかを考えてほしい。次にその部分を引用する。

一言にして申しますれば、現在の日本はその内容は経済的封建制度と申すべきものであります。三井、三菱、住友等を往年の御三家に例えるならば、日本はその経済生活において、黄金大名らの三百諸侯によって支配されているとも見られます。従って政府の局に当る者が政党にせよ、官僚にせよ、またその他にせよ、それらの表面とは別に、内容は経済的大名等、すなわち財界の支持によりて存立するのでありますから、すべてことごとく金権政治になっているのであります。

金権政治は、いかなる国の歴史も示す通りに政界の上層はもちろん細末の部分にわたりても、ことごとく腐敗堕落を暴露することは改めて申すまでもありません。

最近暗殺その他、部分的の不穏な行動が発生しましたが、その時はすなわち金権政治による支配階級が、その腐敗堕落の一端を暴露し始めて、幾多の大官、巨頭等に関する犯罪事件が続出して、ほとんど両者併行して表れていることを御覧下さればおわかりになります。

（中略）

そこで私は、まず合理的に国内の改造を仕遂げておきたいということであります。国内の改造方針としては、金権政治を一掃すること、すなわち御三家初め三百諸侯の所有している富を国家に所有を移して、国家の経営となし、その利益を国家に帰属せしむることを第一と致します。

右は極めて簡単なことで、これら諸侯財閥の富は地上何人も見得るところに存在しておりますので、単にそれらの所有を国家の所有に名義変更をなすだけですみます。またその従業員すなわち重役から労働者に至るまで、直ちに国家の役人として任命することによりて極めて簡単に片づきます。

私は人生自然の自由を要求する根本点に立脚して、私有財産制度の欠くべからざる必要を主張しております。すなわち在来の教条的共産主義とは全然思想の根本を異にして、私有財産に限度を設け、限度内の私有財産は国家の保護助長するところのものとして法律の保護を受くべきものと考えております。ゆえに、私の抱懐する改造意見としては（中略）中産者以下には一点の動揺も与えないのを眼目としております。もしこの点だけが実現できたとすれば、現在の日本の要する歳出に対して直ちにこれらの収益だけをもって充分以上に足りて余りあると信じます。（中略）

このことは根本精神において国民の自由と平等が、すなわち当然国民の生活の安定が、国家の力によって保護助長せらるべきものなりということを表しているのであります。日本の政体は、一政府を中心として万民一律に平等無差別であるべきものです。

実はこれは北一輝の関係資料「警視庁聴取書」の一部である。原文を少し変えたが、改変個所は、、を付したところ、それをそのまま記せば、その他＝軍閥、財界＝財閥、部分的＝部隊的、在来の教条的＝（除く）、一政府＝一天子、それだけである。同様の字句的修正をほどこせば、二・二六事件で刑死した磯部浅一の「獄中日記」の一部も、そのまま戦後の文書で通るかもしれない。たとえば「明治以後の日本は、天皇を政治的中心とした一君と万民との一体的立憲国であります。もっとワカりやすく申し上げると、天皇を政治的中心とせる近代民主国であります。左様であらねばならない国体でありますから、何人の独裁をも許しません。しかるに今の日本は何というざまでありましょうか。天皇を政治的中心とせる元老、重臣、貴族、軍閥、政党、財閥の独裁の独裁国ではありませぬか……」で、これのひきうつしのような社説もある。

この発想の基本にあるものは何か。それは結局、各集団がそれぞれ「父と子の隠し合い」の〝真実〟で保持している経済的封建制度を革命で解体して、全日本一体の「父と子」体制、簡単にいえば、クラスの壁を破って、全日本を「一教師・オール3生徒」で構成する学級体制、すなわち「一君万民」を作りあげようというわけである。彼らはそれを、自由平等一律無差別な理想的政体と考え、それを立憲的民主的と定義しているわけだが、実際は、集団倫理的体制を一体化し、それに全日本人を包含しようとしたわけである。そしてこの体制がある程度できあがっていたのが、実は、戦時中の日本なのである。

いわば一君万民で、一億総情況論理、総情況倫理。そこであらゆる虚構の情況が創立され、すべてはその情況のもとに判断され、「父と子」の間で事実を否定することによって「直きことその中にあり」の忠誠で、秩序が保持された。そしてひとたびこうなると、一切はそこで固定する。事実に立脚した自由な発想もその発想に基づく方向転換も不可能になり、二進《にっち》も三進《さっち》も行かなくなり、人はたとえそれが自滅とわかっていても、その方向にしか進めなくなるわけである。そしてその虚構が破綻しても、実は一学期と二学期で黒板の字を書きかえるだけでその虚構は消え、すぐ、別の虚構へと移れるのである。——「父と子」で隠し合うことによって。

私が「公害問題」に関心をもつのは、実は、この点なのである。もしかりに——これはあくまでも仮定の話だが、「カドミウムはイ病に無関係」と証明されたらどうなるのか。今までの治療も予防もやめて、別の原因を探究して対策を立てねばならぬはずである。これは医学的に見れば、過去にいくらでもあったことである。人類の歴史とは錯誤の歴史だから、そのこと自体は少しも不思議ではない。前述のように結核もかつては遺伝だと信じられ、あの家は結核の家系だなどといわれもした。また、カルシウムを連続的に注射すれば病巣が石灰化(?)して治癒するとかいわれ、私もそういった注射をずいぶん打たれた経験がある。いま親しい医師にきくと、それは全く無駄なことだったそうである。

ではもし、何らかの情況倫理が作用して、それが無駄だと今でも口にできない状態を現出したら、「父子隠し合い」の真実が維持されつづけていたら、どうなっていたであろう。それはもはや医学の問題でも科学の問題でもなく、前述の投書者のように、科学を否定しても、ある情況を維持してそれに対応しようとするわれわれが抱えている「通常性」の論理の問題、簡単にいえば、「一君万民」「一教師・オール3生徒」と、これを創出するための情況論理と、それに基づく倫理の問題なのである。このことは次章で根本主義《ファンダメンタリズム》との関係でまた触れるが、「公害」という面に表面化している点にだけ問題があるわけではない。そして「一君万民平等無差別」は、その「君」がだれであろうと、全体主義的無責任体制なのである。

九

……これは軍人そのものの性格ではない。日本陸軍を貫いている或る何かの力が軍人にこうした組織や行動をとらしめているのだ。（小谷秀三『比島の土』より）

日本は、実にふしぎな国である。研究室または実験室であるデータが出ると、それを追求するよりも早く、何かの力がそれに作用する……。（北条誠『環境問題の曲り角』の中のスイスの製薬会社社員の言葉）

この二つの文章には、ともに「何かの力」という言葉が出て来るが、元来は全く無関係、書いた人も書かれた情景も、ともに互いに相知る状態にはあり得ない人の文章である。小谷秀三氏は、『虜人日記』を書いた小松真一氏と同じように、技術者として軍に徴用され、ルソン島の敗滅にまきこまれて九死に一生を得た民間人。この人が民間人という第三者の立場から見た、壊乱し敗走し死滅して行く日本軍の中には、軍事とは本来無関係で、「軍人そのものの性格」とも無関係な「何かの力」が働いているのが見えていた。そしてこの「何かの力」が、日本を壊滅させた。

その日からは〝民主化された戦後三十数年〟がすでに過ぎている。そして北条誠氏は、小谷氏のことも、比島の日本軍壊滅の実情のことをも全く知らぬ一スイス人から、同じ種類の指摘をうける。次に氏の記述を少し引用させていただく。

「何かの力」と、紳士は言ったが、その抽象的な表現が、かえって私の心を傷つけた。左様。たしかに、一つのデータ、現象、事件に、日本ではすぐ「何かの力」が作用する。マスコミがとびつく。そして大きな渦となり誇大に宣伝され、世論となる。そのデータや事件とは、全く無関係なところまでひろがってしまう。これも日本人の過熱性だろうか。しかし「過熱性」とだけで、片づけられる問題ではなさそうだ。……人間の健康とか、平和な市民生活、と言うことは、起点に利用されただけで、いつか忘れられ、なまぐさい争いになっている。環境問題であるだけに、私は「何かの力」をおそれるのだ。

「人間の健康とか、平和な市民生活」が起点であるように、かつての日本軍もその発想の起点は、国家・国民の安全であり、その「生活圏・生命線の確保」であり、このことは繰りかえし主張されていた。だが、その「起点」に「何かの力」が作用すると、一切を壊滅さす方向に、まるで宿命のように走り出し、自分で自分を止め得ない。それは、その現場を直接目にした第三者には、もう何とも表現できない状態だから、「何かの力」という以外に何も言えなくなる。そしてわれわれは常に、あらゆる問題において、この「何かの力」をどこかに感じている。それはさまざまな言葉の端々に表われ、しばしば「……問題」という形で表現されている。たとえばある種の外交交渉が、国内で「政治問題と化した」と言われる場合、その表現には、「〝何かの力〟が作用して、この問題は純粋な外交交渉として合理的に解決することは不可能になった」の意味だと人びとは受けとる。私は前に「公害」と「公害問題」は別だと考えると言ったが、こう考えている人は、おそらく私だけではあるまい。「問題」といわれた瞬間、そこには小谷氏が指摘し、スイスの紳士が指摘した「何かの力」が作用し、その力は逆に懸案の解決を阻害しているわけである。

幸か不幸か、確かにわれわれは、一つの力（エネルギー）に支配されている。これは否定できない。では一体、昔も今もわれわれを支配している「何かの力」とは何なのか？　その力に抵抗することは不可能なのか？　確かに「何か」と言っている間は不可能である――というのは、実体のわからないものには対抗はできないから。従ってもし、比島において小谷氏が感じ、また薬害問題について一スイス人が感じ、多くの人がさまざまの〝問題〟で感じている「何かの力」に本当に対抗し、この呪縛のような力から脱却することを望むなら、その「何か」を解明して再把握し、これに対処する以外に方法はない。そしてその「力」は外部から来るはずはなく、われわれの内部すなわち日々の生き方の規範の集積の中に、いわばその通常性という無意識の規範の中にあるはずである。というのは無意識でないならば、われわれがそれに自滅するまで支配されることはあり得ないからである。と同時に、これが一つの力である限り、それは必ずしもマイナスにのみ作用するとは限らず、その力はプラスにもマイナスにも作用しているはずである。そしてプラスに作用した場合は、奇跡のように見えるであろう。明治の日本をつくりあげたプラスの「何かの力」はおそらくそれを壊滅させたマイナスの「何かの力」と同じものであり、戦後の日本に〝奇跡の復興〟をもたらした「何かの力」は、おそらくそれを壊滅さす力をもつ「何かの力」のはずである。その力がある方向に向くときに得た成果は、その力が別の方向に向いたときには一挙に自壊となって不思議ではない――その力をコントロールする方法を持たない限りは。

ではここで、われわれはもう一度、何かを決定し、行動に移すときの原則を振りかえってみよう。それは「『空気』の研究」でのべたとおり、その決定を下すのは「空気」であり、空気が醸成される原理原則は、対象の臨在感的把握である。そして臨在感的把握の原則は、対象への一方的な感情移入による自己と対象との一体化であり、対象への分析を拒否する心的態度である。従ってこの把握は、対象の分析では脱却できない。簡単にいえば石仏は石であり、金銅仏は金と銅であり、人骨は物質にすぎず、御神体は一個の石であり、天皇は人間であり、カドミウムは金属であると言うことで、これから脱却し得ない。もちろん、一見脱却したかの如き錯覚は抱きうる。だがそう錯覚したときその者は、別の対象を感情移入の対象としたというだけ、簡単にいえば「天皇から毛沢東へ転向した」というだけであり、従って何らかの対象が自己の感情移入の対象になりうる限り、言わば、偶像すなわちシンボルと化すことができうる限り、対象の変化はあり得ても、この状態からの脱却はあり得ない。

多くの人は、明治において過去のシンボルを捨てた。そして、捨てないものを旧弊とか頑迷固陋《ころう》とかいって罵倒した。しかしそれは、罵倒した人がその状態を脱却して、新しいシンボルへの臨在感的把握をしなかったということではなく、その逆、すなわち直ちに新しいシンボルを臨在感的に把握し、そのシンボルとの間で「文明開化」というシンボルへの臨在感を醸成したというだけである。もちろん言葉もスローガンとしてシンボルになりうる。従ってそれが「尊皇攘夷」であれ「文明開化」であれ、その言葉が分析すべき意味内容をもつ命題でなくシンボルである限りは、その転換は、これらの「標語」の意味内容とは関係なく、それへの感情移入が成り立てば、すぐに転換し「空気」を醸成し得て当然である。

この状態は戦後の出発でも同じであり、この場合、転換した人びとは、これで過去と断絶し得たと思い込んで不思議ではない。明治のはじめ、多くの日本人は非常に面白い言葉を口にした。「われわれには歴史がない、われわれの歴史は今日から新しくはじまる」と。これは戦後における行き方、すなわち、新しい対象の臨在感的把握により、あらゆる面で、過去と断絶し得たと信じようとしたとき、多くの人が過去に対してとった態度と同じである。すなわち過去を、すべて否定さるべき対象として再構成し、それをも臨在感的に把握しなおすことによって、過去と断絶しうると信じたわけである。

この態度は宗教的な回心《コンバージョン》と非常によく似ている。そして宗教的回心《コンバージョン》なら、心の転回により臨在感的把握の対象が一変し、「古き神々を捨てて新しき神々をとる」ことによって、「古き自分を捨て、新しき自分に生きる」という現象が起っても不思議ではない。その場合、過去の臨在感的把握の対象は、消えるか、否定の対象として〝悪魔化〟され、その結果、自己を拘束していた過去の〝空気〟が一瞬にして消え、その呪縛から解放されたと感じても不思議ではない——たとえそれが新しい対象への呪縛に身を委ねることであっても。この現象は、キリスト教受容期の西欧を見れば、少しも珍しい現象でなく、その者はすぐさま、過去の「偶像破壊」へと向うのである。そして日本の転換期にも、大なり小なり、過去において賛美の対象であった者が、一転して悪の権化となった――無敵皇軍も、天皇も、商社も、車も、またそのスローガンであった東亜解放も忠君愛国も経済成長も。

ただこの場合、新旧いずれの対象であれ、その対象が絶対者乃至は絶対的対象であらねば、この回心は起り得ない。分析的対象は回心を起さす信仰の対象ではあり得ない。ということは、明治の回心においても戦後の回心においても、その回心を起させた対象は何らかの絶対者であらねばならなくなる。明治の転回点とそれにつづく戦前の対象は天皇であった。だが回心した者は、たとえ彼が主観的には「新しい、生れかわった別人」であろうと、その一瞬前のその者と、別人であることはできない。前述したように、黒板の「大和魂」を消して「民主主義」と書いたところで、その教師自身に変化が生じ得たわけではない。同様に、昭和十九年の日本人が、二十年の八月十五日で一変することはあり得ない。ただ、臨在感的把握の対象を一変させ、それへの回心によって、いわばそれへの感情移入を行なうことによって、自己が変革したという錯覚をもちうるに過ぎないわけである。その際、対象は絶対であり、この同時的回心という点において、各人は対象に対して平等の立場に立たねばならない。

結局いずれの場合であれ、その絶対者に対して、他のすべてのものは平等となる。これは宗教的回心の当然の帰着であり、絶対者が回心者を〝差別〟する存在ではあり得ず、キリスト教的に言えば「主にある兄弟姉妹」でなければならない。この関係は明治も戦後も同じであり、違いといえば、戦後の絶対者は民主主義であり憲法であったと言うことだけである。従って民主主義と憲法の日本における定義は、たえずそれを改訂し、改訂しうることを民主主義の原則とする西欧の伝統的の定義と同じではあり得ない。まして「民主主義とは、統治の一形態であって、それ自体の中に克服すべきさまざまの欠陥を含む」ものとして相対化することは到底日本では認められず、「民主」といえばこれは絶対で、しかも日本のそれは世界最高の別格であらねばならなくなる。憲法も同じであり、あらゆる法は常に欠陥をもつから、その運営において絶えず改正を必要とする存在であってはならず、戦前の天皇制が、他国の立憲君主制とは全く違う金甌《きんおう》無欠の体制であったという主張と同様、完全無欠であらねばならないのである。一言でいえばそれらを表わす言葉は、批判・分析の対象となる内容をもつ概念でなく、一種の偶像、いわば絶対的なシンボルであらねばならず、そうでない限り、情況に対応する〝オール3的平等〟の同時的回心は起り得ないのである。

だがしかし、一つの政治制度は現実には「絶対」ではあり得ない。またそれは一律平等無差別を保証する機構でもない。元来は仏像の如くに臨在感的に把握できる対象ではなく、人間が運営すべき機構である。だが、だれもそれを自覚できなくなる。そのため政治への要求は宗教的にまで過大になり、その要求は結局、臨在感的把握の一方的充足を求めることになる。二・二六事件の将校は、天皇を臨在感的に把握していたから、それを仏像の如くに見なしており、従ってこの天皇が自分の意志をもち、一つの機構を支配していると実感したとき、仏像が口を利いて自分たちを断罪したように驚いている。驚くのも無理はない。臨在感的把握の対象は、自分の方から一方的に感情が移入できる「偶像」であらねばならず、それ自体が自らの意志をもって行動されては、その対象になり得ない。すなわち、「水を差す」通常性がもたらす情況倫理の世界は、最終的にはこの「空気支配」に到達するのである。

この状態は戦後とて変りはない。だが対象となり得ないものを対象とし、それが醸成する「空気」を一つの体制として持続させ、一つの永続的な「力」となりうるには、空気のほかに、もう一つの要素が必要である。言うまでもなく「空気」は臨在感的把握の対象の変化によって一瞬にして消えてしまう。従って、「『空気』の研究」に記したように、それは個々の決定を拘束し得ても、永続的体制とはなり得ない。この、なり得ないはずのものが、一つの体制となり得、全体空気拘束主義で全日本を拘束して「何かの力」を発揮させるには、一つの通常性の裏打ちがなければならない。それが「水」という現実の指摘だが、同時にそれは現時の情況の指摘であり、その永続化が情況論理と情況倫理で、それを成立させうるのが「一君万民」「一教師・オール3生徒」の、「父と子の隠し合いの真実」という体制になってくるのである。

上記の構成の相互関係を簡単に例示しよう。明治の回心においては臨在感的把握の対象の転回がその転回点となった。この回心状態を一つの永続的体制と化するためには、天皇は〝仏像の如き〟現人神でありつづけねばならない。となれば、天皇が人であり、一仏教徒として泉涌寺の檀那であることをやめ、自らが人であることを、天皇は人民のために隠し、人民は天皇のために隠す、そして「直キコトソノ中ニアリ」の状態がつくられ、各人が内心でどう思おうと、それを口にしないことが正義と信実である一つの体制をうち建てる以外にない。

言うまでもないが、天皇がただの人にすぎないことは、当時の日本人は全員がそれを知っていた。知っていたが、それを口にしないことに正義と信実があり、それを口にすれば、正義と信実がないことになる、と言うことも知っていた。一言でいえば、それを口にする者は非国民すなわち「日本人ではない」ということなのである。この原則は、簡単にいえば、自分が日本国に対して「直キ」日本人であることの自証であり、従ってこれらの言葉が「事実」でないことは、共にそれを真実として口にしている本人が一番よく知っており、知っていてなおその真実だけを口にすることに意味があるのであって、それはその人が「直キ」丸紅人「直キ」共産人「直キ」労組員であることを示すときの原則と、同じことなのである。それ以外の意味をこの言葉はもち得ない。従って、戦前の人間は、天皇が〝世界的生物学者〟であると誇りにしていても、「生物学者が自己を現人神と考えることはあり得ないではないか」とは言わなかった。そして後述するように、このことが理解できなかった収容所のアメリカ人将校は、私が「日本にはモンキー・トライアル（進化論裁判）などなかった。われわれは進化論を当然のこととして受け入れ、小学校でも教えられ、モンキー・トライアルを不思議に思った」と言っても、絶対に信じなかったのである。彼は断固として、私がウソツキか日本人が狂人なのだと信じていた。「……第一、神の先祖をサルと信じたり、サルの子孫が現人神だと信じうる人間がいるはずないではないか、狂人でない限りは」と。だが、「事実を相互に隠し合うことの中に真実がある」という原則を考えれば、このことは少しも不思議ではない。ただこの問題は、〝回心〟後の戦後しか知らぬ人には非常に理解しにくいらしい。そして理解しにくいのはあたりまえである。それはある新興宗教団体を脱会した人に、信仰時の自分の状態が客観的に説明できないのと同じである。しかしそれは、把握の対象が一転したというだけで、その行き方の基本は、戦前も戦後も変っていないことを自ら証明しているにすぎないのである。だがこの細部は、前に指摘したから、もう繰りかえす必要はないであろう。

以上の関係を一言でいえば、元来は「父と子」の間だけを規定する倫理が、臨在感的把握の対象を「父」とし、そう把握する者を「子」として、その間の関係を規定するようになった——いわば、これによって、「父と子」の関係を、あらゆる秩序の基となしうるようになったということであり、それ自体としては、宗教的現象として特異な状態ではない。このような形で一つの体制ができあがったのは、図式的にいえば、仏教的基盤に儒教的規範が結合した結果といえるであろう。そしてこの体制が、徹底的に排除していくものは、「自由」と「個人」という概念である。個人が自由に事実を口にすれば、この関係は成り立たず、教義《ドグマ》による拘束も成り立ち得ない。従って日本では、民主主義と社会主義という言葉は受け入れられても、自由・個人という概念は実質的には排除されねばならない。そして前述のように、民主と社会は、実は、戦前から天皇制に結びつく、強固な概念だった。そして個人が自由に発言し、個人として自由に行動すれば、日本の社会は、徐々にしかし非常に冷酷にこれを完全に排除して行った。ただし本人が転向し、定められた「父と子」の関係に入りさえすれば、その集団はすぐに彼を受け入れてくれた。治安維持法のみで処刑された者が一人もいなくても、少しも不思議ではないし、また多くの人が、転向とともに有利な就職先まで世話をしてもらっても不思議ではない。改宗者はいずれの宗団でも逆に高く評価されるのだから――。

十

さて『「空気」の研究』から『「水＝通常性」の研究』まで、臨在感的把握とか、空気の醸成とか、「父と子」の隠し合いの倫理とか、一教師・オール3生徒の一君万民方式とか、それを支える情況論理と情況倫理とか、実にさまざまなことをのべてきた。では以上に共通する内容を一言でのべれば、それは何なのか。言うまでもなく、それは「虚構の世界」「虚構の中に真実を求める社会」であり、それが体制となった「虚構の支配機構」だということである。

虚構の存在しない社会は存在しないし、人間を動かすものが虚構であること、否、虚構だけであることも否定できない。従ってそこに「何かの力」が作用して当然である。それは演劇や祭儀を例にとれば、だれにでも自明のことであろう。簡単にいえば、舞台とは、周囲を完全に遮断することによって成立する一つの世界、一つの情況論理の場の設定であり、その設定のもとに人びとは演技し、それが演技であることを、演出者と観客の間で隠すことによって、一つの真実が表現されている。端的にいえば、女形は男性であるという「事実」を大声で指摘しつづける者は、そこに存在してはならぬ「非演劇人・非観客」であり、そういう者が存在すれば、それが表現している真実が崩れてしまう世界である。だが「演技者は観客のために隠し、観客は演技者のために隠す」で構成される世界、その情況論理が設定されている劇場という小世界内に、その対象を臨在感的に把握している観客との間で〝空気〟を醸成し、全体空気拘束主義的に人びとを別世界に移すというその世界が、人に影響を与え、その人たちを動かす「力」になることは否定できない。従って問題は、人がこういう状態になりうると言うことでなく、こういう状態が社会のどの部門をどのように支配しているかと言うことである。演劇や祭儀の世界だけならそれは問題でないが、日本の場合、その通常性に基づいて一つの秩序ができあがるには、まず「空気の醸成」とそれを維持する「父と子の隠し合い」の真実の中に、これを求めざるを得ない。もっとも「求めざる」を得ないと言って、意識的に求める必要はなく、その通常性に基づいて行動して行けば、否応なしに、この秩序ができあがって行き、その秩序の中に安住していれば、それが普通の状態だと言うことである。それは、前に記したように、共産党であろうと丸紅であろうと違いはない。

ただ問題は、この秩序を維持しようとするなら、すべての集団は「劇場の如き閉鎖性」をもたねばならず、従って集団は閉鎖集団となり、そして全日本をこの秩序でおおうつもりなら、必然的に鎖国とならざるを得ないという点である。鎖国は最近ではいろいろと論じられているが、その最大の眼目は、情報統制であり、この点では現在の日本と、基本的には差はない。従って問題は、この日常性が政治、経済、外交、軍事、科学等々と言った部門を支配し、こういう形で、すなわち「父と子の隠し合い」の真実に基づく状態で、種々の決定が行なわれて果してそれで安全なのか、という問題である。そしてこのような方法に基づく決定が、その最弱点を露呈する部分が、おそらく外来思想、外交、軍事、科学的思考、すなわち鎖国が排除した部分なのである。

大分前だが、このまま行けば、日本はさまざまな閉鎖集団が統合された形で、外部の情報を自動的に排除する形になる、いわばその集団内の「演劇」に支障なき形に改変された情報しか伝えられず、そうしなければ秩序が保てない世界になって行く、それは一種の超国家主義にならざるを得ないであろうとのべた。そのとき聴衆の一人が憤然と立って、「絶対にそんなことがあってはならない、超国家主義の戦争でわれわれは……」という形の抗議をうけた。私はそれに対して、超国家主義《ウルトラナショナリズム》とは元来、「鎖国」を志向するはず、私が言った超国家主義とはその意味で、戦争とはこれと対極的な国際的《インタナショナル》な行為のはず、と言ったところ、非常に意外な顔をされた。戦争とは国際的事件であり、従ってアメリカのように、相手を知るため軍が日本語学校をつくり、全国から秀才を集めて日本語の特訓的教育をやるという発想が当然とされる「事件」なのだが、日本は逆に英語を敵性言語と規定してその教育を廃止した。質問者の発想は基本的にこの発想と同じわけだが、同じ発想はまず外交に出てくるはずなのである。いわば相手と一つの関係を樹立しようと思うなら、まず相互に隠し合いをしなければ、「真実」の関係は成り立たないという発想である。だがこの状態になると、情報の統制のため本当の外交は存在しなくなるわけだが、現代の世界では何らかの形の外交らしきものなしに一国は存立し得ないから、その場合は相手国と自国との「父と子の隠し合いの中の真実」という形、いわば虚構に立って先方との関係を樹立せざるを得なくなる。だがそれは結局、形を変えた一種の断絶状態に落ち込む。それは戦争勃発までに日本が歩いた道だが、おそらく今も同じ道を歩んでいるであろう、もちろんそれは、必然的に戦争になるとはいえず、外交的破綻から破滅する公算の方が多い。

以上の状態が典型的に出ているのが、戦後日本が一種〝自主独立〟でやった外交交渉すなわち「日中復交」であることは、読者はすでにお気づきであろう。まず、国内の〝空気〟がそれを醸成する原則通りに醸成される。ついで北京との間に「父と子」の関係が樹立される。それが典型的に現われたのが林彪事件で、同事件を「北京は日本の新聞のために隠し、日本の新聞は北京のために隠す、直きことその中にあり」で、両者の間にこの虚構――いやこれだけでなく多くの虚構――を共にすることによって真実の関係が樹立される。報道という面でこれを問題にされたときの朝日の広岡社長が言った「これから友好関係を樹立しようという相手に対して、一切の事実を報道することは……」といった意味の言葉、そしてその言葉が当然のこととして了解される社会は、おそらく、今までのべて来た日本の無意識の通常性を、数語にちぢめて表現している。その意味で同社長の言葉は、近来まれに見る名言であり、また、このときにのみ「何かの力」が作用して一気に事が成就すること、逆に転ずれば前述のように一気に自壊するエネルギーを発揮しうることをも、併せて表明しているであろう。ただこの「舞台と観客」のような形で形成された「何かの力」は、ある一片の事実の指摘によって、いとも簡単に崩れてしまう。従ってそういった行き方をたえずつづけ、そしてそれを崩すまいとすれば、あらゆる方法で、事実の指摘を排除しなければならない。それは結局のところ、戦時中の「英語禁止」に象徴されるような、相手の実態を見てはならないという態度になり、その結果、一切の情報を統制し、新聞と読者の間、あるいはそれに支持された政府と国民の間をも、「父と子の隠し合い」の状態にもって行かざるを得なくなる。そして、その統制として使用されるのが情況倫理であり、これを否定する者は何らかの意味の非倫理的人間として糾弾し排除していく、と同時に常に自らを無謬と規定せざるを得なくなる。そしてこの関係は、軍事問題にも公害問題にも出てくるわけだが、それらについてはすでに述べたから再説しない。

「『空気』の研究」とともに、これまで記してきたことは、一言でいえば日本における拘束の原理の解明である。ある状態で、人は何に拘束されて自由を失うのか？　なぜ自由な思考とそれに基づく自由な発言ができないのか。そしてその状態にありながら、なぜ「現在の日本には自由が多すぎる」といえるのか。なぜ「譲れる自由」と「譲れない自由」といったおそらく世界の「自由」という概念に類例のない、まことに不自由な分類が出てくるのか。それはおそらくわれわれが、「空気拘束的通常性」の中の、どこに「自由」という概念を置いてよいかわからないからであろう。確かに、こういう状態で「自由」という言葉を口にすれば、正直な人は笑い出すだけである。それを明らかに示しているのが、「諸君！」（昭和五十一年三月号）の投書である。次にその一部を引用させていただく。

渡部昇一氏の論文『甲殻類の研究』を読んだ。……さすがに文章は流れるようで、社会主義の問題と全く関係のなさそうな乳幼児の問題から最後まで、一気に読んでしまうところだった。けれども最終ページになって「魚のように自由になりたい」という文章が出てきたとき、思わず笑い出してしまった。この面白い物語が、こんな真面目な希望にささえられているとは全く意外だった。……とりあえず基本的なところだけ反論しておこう。

渡部氏は、自分の立場を明確にしないで論文を進めているが、それでも最後に「自由主義」を選択することを主張している。自由主義とはつまり資本主義のことだが、社会主義も国家社会主義も資本主義の矛盾が生み出したものである。

渡部氏のいう自由主義がどんなものだかよくはわからないが、資本主義も初期の資本主義とは違って、かなり自由ではなくなって社会主義化しているし、この趨勢は避けられない……（傍点著者）

この渡部昇一氏への反論を読んでまず感じたことは、この筆者がもっている「自由」という概念はどんな内容なのであろうか、ということであった。この文章の中から、

「自由」「自由主義」の両語が出てくる部分を摘出すると、「自由になりたい」……で「思わず笑い出し」、ついで「自由主義とはつまり資本主義のことだ」と断定し、つぎに「渡部氏のいう自由主義がどんなものだかよくわからない……」となり、最後に資本主義も初期と比べて「かなり自由でなくなって」いる、となっている。この人の記述の背後にある自由という概念は、おそらく、現在の日本が平均的にもっている「自由」という概念ではないであろうか？ もしそうなら、この人にとって「自由」は、無用な、否むしろ邪魔な、笑殺すべき概念のはずである。

確かに、〝空気〟の拘束、情況の拘束、一教師・オール3生徒・一君万民の拘束、父と子の隠し合いの真実の拘束、それらの通常性的拘束で秩序が成り立っている社会で「自由」という言葉を口にしたら、正直者は笑い出すであろう。その笑いは、劇場の中で場違いな言葉を口にした者への笑いであるとともに、一種自嘲的な笑いのはずである。そして次の瞬間、自由↓自由主義↓資本主義という図式で、これを否定し消去し去るのは、上記の拘束のことを思えば、一面、当然のこととも思う。戦後の一時期、流行のように口にされた「自由」はたえず「水」を差され、結局、実質的には徐々に消し去られ、それへの暴発的破壊的抵抗は、前にも記したように、逆に、伝統的文化的規範を強める方向にしか作用しない。そしてそれは結局、過去に歩いた道の外装が変っているにすぎない。

ではどうしたら良いのか。三十年前にやったのと同じような、また新しく臨在感的把握の対象を右や左や先進国や後進国に求め、それへ向きを変える形で回心《コンバージョン》を行ない、それによって現在の呪縛的拘束を断ち切り、それを悪魔化し断罪することによって、自由と解放が来たと一時的に信じ込み、それで、醸成する空気のブーム現象を通常性的に継続させ、それを秩序と化そうとするのか。この行き方も、部分的には試みられ、さまざまな事件も生み、マスコミの論調は、おそらく、それを執筆している人も明確な意識をもたないままに、この方向に進んでいるであろう。おそらくこれ以外の行き方は空想もできないのであろうが、結局この行き方は、明治以来の行き方の延長であり、それは何も新しいものを生み出さない。

明治以来、前述の行き方を繰り返しつつ、われわれは何一つとして創造的な思想も体系も体制も生み出さなかった。前記の投書者も含めて、われわれは何かを忘れていた。それは、新しく何かを生み出すものは、前記のようなあらゆる拘束を断ち切った「自由」すなわち「自由なる思考」だけであり、それがなければわれわれは、常に、情況を設定する既存の対象を臨在感的に把握して、それとの関係で自らを規定する以外に方法がないこと。そして将来へ向っての発想は常に、この投書者の如く「……その趨勢は避けられない」という形の宿命論的盲従しか生み出さないこと。それを忘れて、自由を笑殺していたわけである。

自由《リベルテ》という概念はもちろん、自由主義よりも資本主義よりも古く、その原意は解放奴隷である。そして人が何かに追随して最高のエネルギーを発揮するには、確かに、あらゆる拘束でその人の思考を縛っておくことが、最も能率的であり、たとえその呪縛が虚構でも、大きな「力」となる。これは否定できず、その状態は「自由」と「模索」から見れば奇跡的能率をあげうる。しかし人が何かを全く新しく創造しうるには、その人の思考をあらゆる拘束から解き放って自由にしておく以外に方法がない。

われわれは確かに「世界の趨勢」を追っかけて来たし、これが「趨勢だ」ですべてがすんだ時代には「自由」は「不能率」の同義語として笑殺してよかったし、その方が問題が少なかった。ただ、この方法が通用しない位置に達したとき、その「何かの力」は方向を失い、新しい臨在感的把握の対象を求めて徒らに右往左往し、衝突し、狂躁状態を現出して自らの「力」を破壊的にしか作用し得なくなって当然である。その力は破滅と知りつつ外部に突出もしようし、内部的混乱で自壊することもあろう。そしてその時にそれから脱却しうる唯一の道は、前述のあらゆる拘束を自らの意志で断ち切った「思考の自由」と、それに基づく模索だけである。——まず〝空気〟から脱却し、通常性的規範から脱し、「自由」になること。この結論は、だれが「思わず笑い出そう」と、それしか方法はない。

そしてそれを行ないうる前提は、一体全体、自分の精神を拘束しているものが何なのか、それを徹底的に探究することであり、すべてはここに始まる。そしてその経過を最もよく示しているのが改革者のルターである。近代社会はある意味では彼とともに始まっており、そしてその改革は、自己の精神を伝統的に無意識のうちに拘束し、それが知らず知らずのうちに通常性になっているものを探究し、その拘束を断ち切ることにあった。新しい自らの改革とは、その作業なしにはあり得ない。もっとも、「改革」と自称する既存の対象を、「趨勢」という宿命論の下に臨在感的に把握し追随することによって新たな回心を求めるなら別だが、それは実質的には自らの位置を動かずに「頭を回らして」新規の対象を追うだけのことで、何の進歩でも改革でもありえない。

ではここで「空気」と「水」と「自由」の関係を振り返ってみよう。

ここまで読まれた読者は、戦後の一時期われわれが盛んに口にした「自由」とは何であったかを、すでに推察されたことと思う。それは「水を差す自由」の意味であり、これがなかったために、日本はあの破滅を招いたという反省である。従って今振りかえれば、戦争直後「軍部に抵抗した人」として英雄視された多くの人は、勇敢にも当時の「空気」に「水を差した人」だったことに気づくであろう。従って「英雄」は必ずしも「平和主義者」だったわけではなく、〝主義〟はこの行為とは無関係であって不思議でない。「竹槍戦術」を批判した英雄は、「竹槍で醸成された空気」に「それはB29にとどかない」という「事実」を口にしただけである。これは最初に記した「先立つものがネエなあ」と同じで、その「空気」を一瞬で雲散霧消してしまう「水」だから、たとえ本人がそれを正しい意味の軍国主義《ミリタリズム》の立場から口にしても、その行為は非国民とされて不思議でないわけである。これは舞台の女形を指さして「男だ、男だ」と言うようなものだから、劇場の外へ退席させざるを得ない。そしてこれらの言葉＝水の背後にあるものは、その人も言われている人も含めての、通常性的行動を指しているわけだから、この言葉は嘘偽りではなく事実なのだが〝真実〟ではないと言うことになるわけである。この行き方が日本を破滅させたということは、口にしなくても当時はすべての人に実感できたから、「水を差す自由」こそ「自由」で、これを失ったら大変だと人びとが感じたことも不思議ではなかった。

そして戦後、最も強く「空気」の拘束をうけつづけてきたのが、共産党だったと思われる。そして「空気」は火炎ビン闘争も生んだし山村工作隊も生んだし、それに類するさまざまな行動も生んだ。だが、共産党という組織が日本で生きて行くためには、日本的通常性をもたねばならず、従って、外部からでなく内部から否応なく日々に「水」を差される結果になり、ついに「水」を差す本人がその主導権を握り、その組織と行動を通常性を原則とする形に改めざるを得なくなった。これが「ぬいぐるみ」をはずしたという結果になったわけである。その「父と子」化いわば「丸紅」化は、その組織の恒久性・永続性・日常性を保障してくれ、無理なき発展も保障してくれるわけである。と同時に、特異性の消失という代償は支払わねばならなかった。

そのため、われわれは今でも「水を差す自由」を確保しておかないと大変なことになる、という意識をもっており、この意識は組織内でも組織外でも働き、同時にこの自由さえ確保しておけば大丈夫という意識も生んだ。だがしかし、この「水」とはいわば「現実」であり、現実とはわれわれが生きている「通常性」であり、この通常性がまた「空気」醸成の基であることを忘れていたわけである。そして日本の通常性とは、実は、個人の自由という概念を許さない「父と子の隠し合い」の世界であり、従ってそれは集団内の情況倫理による私的信義絶対の世界になって行くわけである。そしてこの情況倫理とは実は「空気」を生み出す温床であることはすでにのべた。そしてその基本にあるものは、自ら「情況を創設しうる」創造者、すなわち現人神としての「無謬人」か「無謬人集団」なのである。

以上で記して来たように、「空気」も「水」も、情況論理と情況倫理の日本的世界で生れてきたわれわれの精神生活の「糧《かて》」と言えるのである。空気と水、これは実にすばらしい表現と言わねばならない。というのは、空気と水なしに人間が生活できないように「空気」と「水」なしには、われわれの精神は生きて行くことができないからである。

その証拠に戦争直後、「自由」について語った多くの人の言葉は結局「いつでも水が差せる自由」を行使しうる「空気」を醸成することに専念しているからである。そしてその「空気」にも「水」が差せることは忘れているという点で、結局は空気と水しかないからである。

日本的根本主義《ファンダメンタリズム》について

一

戦後のフィリピンの収容所で盛んに使われた言葉に「アタマの切替え」という面白い言葉があった。これは簡単にいえば、情況が変化したのだから、その変化に即応し、その情況に適合するように思考・行動・所作等の一切合財を改めよということ、情況に対応し、新しい対象を臨在感で把握して回心《コンバージョン》をせよということである。将官は収容所が別だったから不明の点が多いが、佐官クラスともなると、大佐も少佐も同一収容所である。幹候少尉などは、はじめから軍人を演じさせられていた学生が多いから問題ないにしても、その生涯が軍人そのもので他の生活を知らない佐官クラスともなると、簡単にでは「頭の切替え」はできないと思うのが常識である。だが不思議なほどこれが簡単にできた。昨日までの連隊長は、役目が終って舞台から降りた役者のように物わかりのよい好々爺となり、にこにこと人びとに対応してくれるのである。従って尉官クラスや幹部候補生は、当然のように、すぐさま普通の市民にもどってしまうわけである。時には例外的にそうなれない人間もいたが、そういう人が受けたのは「アタマの切替えのできてないヤツ」といった嘲笑と蔑視で、その人はその中で孤立して行くのが普通であった。そして面白いことに、内地帰還が近づくと、また別の「頭の切替え」が行なわれた。

　これらの変化は実に変幻自在で目を見張るようであったが、ある日私は、ホートンという米軍の一中尉から、全く予期せぬ質問を受け、ある種のショックを感じたのである。彼はハーバードかどこか相当有名な大学の出で、捕虜の将校などを集めて民主主義教育をやりたがる〝悪癖〟があり、その点でも他の点でも、あのころのアメリカの若いインテリを絵に描いたような人物だった。当時私は収容所付属の木工場の通訳をしていたが、何かの用事でその事務所に来た彼は、例の〝悪癖〟を出し、私をつかまえて長々と進化論の講義をしはじめたわけである。

　私は少々ムッとした。彼は明らかに私が進化論を全く知らず、はじめて聞く「人間の先祖はサルである説」に驚愕するだろうと思い込んでいるのである。最初のうちは「仕方がない、ＰＷ（捕虜）としてのおつき合いだ」と思っておとなしく聞いていたが、相手の教え訓すような態度が少々アタマに来て「進化論ぐらいは日本では小学校で教えてくれる。日本は進化論裁判《モンキー・トライアル》が行なわれたアメリカほど未開ではない」といった意味のことを言ってしまった。ところが相手は私の言葉を信用しないのである。「全くアメリカ人ってヤツは……」と私は内心で憤然とし、ダーウィンのこと、ビーグル号のこと、ガラパゴス島の調査がその端緒であったこと等をのべ、そんなことは「子供の科学」という少年雑誌で小学生のころに読んだと言った。

相手は驚いたらしい。しかしこれに対する相手の反応に、今度は私が驚く番であった。

「では日本人は、サルの子孫が神だと信じうるのか。おまえもそう信じているのか？」

彼が、考えられないという顔付でそう言ったからである。この思いがけない質問に今度は私が絶句した。彼は、日本人はその「国定の国史教科書」によって、天皇は現人神であり、天照大神という神の直系の子孫と信じている、と思い込んでいる。確かにそう思い込ます資料が日本側にあったことは否定できない。そしてこういう教科書が存在する限り、進化論が存在するはずがない。これが彼の前提なのである。人がサルの子孫であると教えたということで裁判沙汰にまでなった国から見れば、天皇が人間宣言を出さねばならぬ国に進化論があるはずはないのである。確かにそう考えれば、進化論を教えるということは「現人神はサルの子孫」と教えることである。「人はサルの子孫」が裁判沙汰になる精神構造の国から来た者にとって、「現人神はサルの子孫」が何の抵抗もなく通用している国がありうるはずがなくて当然であろう。結局彼は、日本では進化論は禁じられていたはずだと思い込み、天皇もサルの子孫だから神ではないと論証して私を啓蒙するつもりだったらしい。ところが相手が平然とそんなことは小学生でも知っていると言ったため、何とも理解しかねる状態に落ち込んだわけであった。

彼の講義癖の被害者はずいぶんいたはずだが、そういう場合、当時の収容所の日本人はほとんど抗議も反論もしなかった。もっとも進化論の講義をされたって、これに反論する日本人などいるはずがない。至極ごもっともなこと、たいていは小学校か中学校で教えられた常識であって、「あいつ、日本をよっぽど未開で野蛮だと思ってやがる。あんな若僧に偉そうなツラをされて講義されるとは、全く、戦さにゃ負けたくないもんだ」が内心の反応であり、従って「またはじまったか」とニヤニヤしながら聞くだけ、それ以上に反応の仕様がないのである。従って相手がいかなる理由で、われわれにわかり切っていることを一心不乱に講義しているのか、その前提がつかめない。一方彼にしてみれば、当然あるべき反応も反発もないのが不思議であり、一体全体、日本人はニヤニヤしながら何を考えているのかさっぱりわからないわけである。というのはその当然の前提が「現人神のいる世界には進化論はあり得ない」であり、彼にはこの二つが「平和共存」しうる精神状態が理解できないからである。

そこで当然に相手の質問は「現人神と進化論がなぜ併存できるのか。進化論を説くことはなぜ不敬罪にならないのか。なぜ、もっとはげしい進化論裁判《モンキー・トライアル》が起らないのか」と言うことになって来た。そうなるとこちらには何とも返事ができない。「しまった、こんな反撃を食うなら進化論裁判《モンキー・トライアル》のことなど言い出すんでなかった」と思ったがもう遅い。

そして相手はさらに、私がこの裁判を知っているということにも興味をもち、日本人はそれをどう受け取っているかも聞きたがった。内心では、これを読んだとき「アメリカ人とは変なことをやる連中だ」と思ったことは確かだが、そんな返事をすれば、またどういう質問が来るかわからないし、第一、それに答える英語能力が私にはない。そこで捕虜の兵隊の中には宗教学者も民俗学者も哲学者もいるから、その人たちに聞いてくれ。「現人神と進化論がなぜ併存しうるか」などというむずかしい問題は、私には答えられないと逃げた。すると今度は彼に、陸軍一等兵に大学院まで出た学者がいるということが信じられないのである。そこで二人は、結局、双方ともども何が何やらわからなくなって、話は終ってしまった。

進化論裁判《モンキー・トライアル》を、われわれは今でも、一種の嘲笑的態度か理解できないという怪訝《けげん》な面持で聞く。だが彼らにしてみれば、現人神時代にこういった裁判がなく、平然と進化論が通用していたという状態を、理解できぬ状態とする。なぜであろうか？　いわゆる先進国は一応みな脱宗教体制に入ったと言える点では共通しているが、この体制以前の状態を対比すると、そこに存在するのは全く異質の世界であることに気づくのである。簡単にいえば、日本には一神教的な神政制《セオクラシー》は存在しなかった。そしてわれわれは、先祖伝来ほぼ一貫して汎神論的世界に住んでいた。この世界には一神論的世界特有の組織的体系的思想は存在しなかった。神学まで組織神学《システマティック・セオロジー》として組織的合理的思考体系にしないとおさまらない世界ではなかったわけである。こういう世界では、たとえば「進化論」を、その組織的思考体系のどこにどう組み込むべきかは大きな問題であり、その人がその人の組織的思考体系の中に合理的に進化論を組み込めればよいが、そうでないと、否応なく、聖書的世界を否定して進化論的世界をとるか、進化論的世界を否定して聖書的世界をとるかという二者択一にならざるを得ない。そしてその世界から日本を見れば「現人神をとるか進化論をとるか」が日本で問題にならねばならず、進化論をとれば天皇制は崩壊するはずなのである。崩壊しないのはこれを禁じていたはずだということになり、従って日本を民主化して神がかり的超国家主義を消すには、進化論を講義すればよいという発想になるわけであろう。ところが日本には、そういった一神論的組織神学的発想がはじめからなく、日本人の回心《コンバージョン》は一に情況への対応できまるから、そういう講義はニヤニヤして聞いている以外に方法がなくなるわけである。われわれは情況を提示され、それを臨在感的に把握すればその情況に対応して「頭を切替えてしまう」から、進化論の講義など必要ない。そして彼にはそれが理解できないわけである。

従ってここでまず、われわれ自身の問題として、カーターの出現を材料に、彼らのもつ神政制《セオクラシー》という概念を探ってみよう。これこそ、非常に理解しにくい進化論裁判《モンキー・トライアル》の基本だからである。

二

五月末だったと思う。来日されたフランク・ギブニー氏と話していたところ、何かの拍子に氏が「アメリカはいまに南部《サザン》バプテストに征服されますよ」と言われた。それに対して私は何やらあいまいな生返事をし、会話は別の方向に転じてしまった。そしてだいぶたってから、氏が民主党の大統領候補ジミー・カーターのことを言ったのだと気がついた。多少の知識はもっていても、それが自己の知的感覚になっていない者は、この種の問いかけに即座に反応し得ない。反応し得ないということは、やはり、本当の意味では理解していないということであろう。「南部バプテストがアメリカを征服する」というこの東部知識人の反応乃至は危惧といったものは、どこから来るのであろう。その背後に何があるのであろうか？　南部バプテストとか、根本主義者《ファンダメンタリスト》とか、やや差別用語的なニュアンスのある略称ファンディ（根元屋？）とかいった言葉で彼らが表わす「何か」は一体何なのであろうか？　それがアメリカの〝原点〟で、ファンディの農場主カーターへの異常人気は、伝統的アメリカの原点に帰れという動きなのであろうか？　ファンディが大統領候補になり得るということの背後には、どういう事態があるのであろうか？　これはわれわれにとって、最も理解しにくくかつ踏みこみにくいアメリカの一面かもしれない。

東の方で何やら新しい胎動らしきものがあれば、西の端にも似たことが起きている。それはイスラエルにおけるイガエル・ヤディンの政界出馬声明と、世論調査における異常ともいえる支持率である。ヤディンは言うまでもなく考古学者・発掘家であり、また大発掘の名指揮者である。マサダ、ハツォール、バル・コクバの手紙の洞窟の発掘等は、あまりに有名と言わねばならない。確かに彼は独立戦争時の参謀総長であり、この困難な戦争を巧みに勝利に導いた名指揮官であった。しかし独立達成・平和確保の目途がついた一九五二年に一切の公務を辞し、以後は簡素な日常生活の下に学究・発掘・著作に専念し、すでに四分の一世紀がすぎている。そして厳密な意味では、彼は、政治家であったことは一度もないし、職業政治家といえる面は皆無、どう考えても、難局に処しうる「巧妙な政治家」とは思えない。「一体、なんでこの人が……」といった強い意外さを、まず感じて不思議ではない。

「ニューズウィーク」誌は彼をドゴールにたとえている。確かに彼も現政府を軟弱と批判し、一見対アラブ強硬派に見えそうだが、その行き方はドゴール的で、強硬の中の妥協を求めるのかもしれない。しかし彼への異常な支持の一つは、こういう点よりもまず彼が「政争からクリーン」であること、第二に、「国民がヨム・キップル戦争以来、経済成長・豊かな生活よりむしろ、イスラエル建国時の単純で純粋で簡素な雰囲気とそういった生活態度にもどりたいと熱望している」からだという。イスラエルにはロッキード事件はないが、この〝うなじ硬き民〟の〝マアマア〟なき〝政争〟は相当にものすごく、あらゆる政治家は政争に疲れ、それを見せつけられて四分の一世紀をすごした国民の、既成政治家への不信と不満が背後にあり、それが彼への異常人気になっているのであろうと思われる。中央政界の既成政治家への不信不満はアメリカにもある。ただ、イスラエルは新しいから、〝原点に帰れ〟の原点はすぐ目の前で、だれの目にも具体的に見える。それゆえ、その象徴としての独立戦争時の参謀総長で、以後は完全な学者で非政治家であった彼が、ちょうど、その「理想的な体現者」という位置にいたということであろう。彼への異常な人気は、こう思えば、一応、解釈はつく。

　カーター人気にも何やら似たものが見られると思う。しかし、これらの人気から生み出された者の行手が、今まで以上に平穏と言うわけではあるまい。だが、ひるがえって日本を見れば、さまざまな面で同じような〝空気〟は見られる。しかし現実には、一年前には無名に等しい一知事が大統領になり得るといったような、あるいは、全く政治に無関係な一学究が総理を目指して立候補するといったような、新しい胎動といったものは見られず、選挙があって結局総理は「相も変らず……」という結果であり、ロッキード事件の〝政治的判決〟も結局、大山鳴動落選一匹だったわけである。しかしわれわれも、心のどこかでわれらの〝ファンディ〟を待っているのかもしれず、またその出現を恐れて〝自浄作用〟を期待しているのかもしれない。それらの〝期待〟がどのような内容なのか。イスラエルの場合は、あまりに明らかだからこれを除き、参考のため、まずカーター出現の背景から探ってみよう。というのは日本は、何らかの点で、どのような表われ方をするにせよ、アメリカの影響を受けるか、これに触発されるか、いずれにせよ「そのあとを追っている」国という一面は否定できず、「ウォーターゲート→金脈事件」「ニクソン失脚→田中失脚」「カーター出現→?」という連想も、当然あってよいと思うからである。

〝ファンディ〟は根本主義者《ファンダメンタリスト》へのやや軽侮を含んだ略称であることは前述した。では根本主義《ファンダメンタリズム》とは何なのか。これは日本人にとって最も理解しにくく、従って「目をつむって避けてしまう」プロテスタントの一面であり、そのため根本主義《ファンダメンタリズム》についての解説書はおそらく日本には皆無であろう。日本で知られているその一面は、前述の進化論裁判《モンキー・トライアル》、すなわち「聖書の教えに反するから進化論を講ずることを州法で禁止する」といった考え方が出る主義ということである。こう言っただけでは、相もかわらぬ嘲笑的・否定的評価しか出てこないと思われるが、そういう人は、ＩＣＵの古屋安雄教授が南部バプテストの教会で聞いた説教の集録のうちの二、三を聞いただけで、「これは別世界」と感ずるかもしれない。というのは今なお、人類の歴史をアダムから数えて四千何百年(?)とし、天地創造はその七日前だから、月の岩石の古さもその年代以内のはず、何億年昔などという発表は虚偽である、という説教が通用する世界なのである。だがそれでいてこの派の人に著名な科学者や技術家がいることも事実である。われわれに理解しにくいのは、むしろこの点――いわばこの人たちがどのようにしてその組織的思考体系の中に進化論を組み込んでいるのか、どのようにして二重真理説ともいえる考え方をもちうるのかといったその基盤である。彼らにとって「現人神と進化論」は問題なく併存し得ないからである。

こういう〝聖書絶対主義〟地帯がアメリカにあり、「サンベルト」といわれる地帯が「バイブル・ベルト」ともいわれること、それが政治的にも無視できない地帯であること、また黒人は六割以上（統計により多少の誤差があり、七割というのもある）が南部バプテストの会員、解放運動の闘士故マーチン・ルーサー・キング師も、南部バプテストの〝牧師〟であることも、解放と根本主義がどう結びつくかもあまり知られていない。〝牧師〟と書いたのは、この派には厳密な意味の聖職者はおらず万人祭司主義であり、また教会への政治権力の介入を絶対に拒否するから、この派の強力な州では、州の統治権は教会の構内には及ばないという。その他さまざまな特徴があるが、一言にしていえば、最も強固かつ保守的なプロテスタンティズムの信奉者だといえる。それが〝ファンディ〟という言葉のもつニュアンスであろう。

彼らが聖書を「絶対無謬、一語一語が神の言葉で、変えることのできない唯一の真理」いわば「宇宙的な不磨の大典」とするのはそれなりの理由がある。言うまでもなくそれが、宗教改革そのものの起点であり、「教皇はそう言う、だが聖書はかく言う」が改革者共通の立場、いわば聖書を絶対の権威として、地上における神の代理人ローマ教皇の絶対的権威に対抗したわけであり、従って「聖書の絶対性」を崩せば自らも崩壊するから、これは譲れぬ一線になる。従って、われわれには奇妙に見える根本主義《ファンダメンタリズム》の背後には、これのみを唯一の権威・典拠として血みどろの解放闘争をつづけた数百年があるわけで、簡単な嘲笑でそれを消し去るわけにはいかない。

だが、これを見ていくと、改革とは実に不思議なことで、改革しようとする者は、千五百年の伝統を跳び越えて、その起源である聖書を絶対化するという、一種の超保守主義になり、同時にこれが改革を生むという、奇妙な関係を生ずるからである。そして明治維新の「王政復古」にこれと同じ傾向があることも、興味深い。従って、何かを「改革しよう」という意志が出てきた際、それが今まで〝進歩〟と考えられていた行き方を否定し、いわばそれまでの「ベスト・アンド・ブライテスト」を否定して「南部《サザン》バプテストがアメリカを征服し」「独立後の四分の一世紀を政治的・軍事的・経済的成果と無縁の位置にいた」ヤディンが出馬して不思議でないのかもしれぬ。では日本はどうなるのか。これが最後の問いだが、もう少し「ファンディ」の軌跡を追ってみよう。これは今後の〝日米交渉史〟に必要な視点を含むかもしれないから——。

三

「聖書絶対主義」は当然に神政制《セオクラシー》を指向する。そしてルターに始まる宗教改革の帰結はカルヴァンであり、彼の生涯の最後の二十四年、すなわち四十一歳から六十四歳までが、俗に言うジュネーヴの神政政治時代、「教会規程」(Les Ordonnances Ecclésiastiques) を基本とした厳格な統治の時代、有名なセルヴェトゥスの焚殺は彼が五十三歳のときの出来事である。イギリスのピューリタンが最も強く影響をうけたのはこのカルヴァンである。後のピルグリム父祖は、そのライデン在住時代にカルヴァン主義対アルミニウス主義との論争に接し、自己の立場をさらに明確に再把握する結果になっている。この論争に際して、彼らの指導者ロビンソンははっきりとカルヴァン主義の立場に立ち、アルミニウス主義者のエピスコピウスと連続三日にわたる大公開論争を行なっている。この神学論争の細部はしばらく措くが、現代の視点から言えば、アルミニウス主義の方がはるかに近代的・合理的であり、それは後にこの派のフーゴー・グロティウスが近代的な自由主義・平和主義に与えた影響から見ても明らかである。だがアメリカ建国の「神話的父祖」は明らかにその系統ではない。

だが、宗教改革期の神政制という場合、見逃すことのできないもう一つの運動がある。それは主としてアナバプテスト派が行なった神政制を目指す急進的革命、キリスト教急進主義とか倫理的熱狂主義とか、キリスト教圏に新約聖書以来常に内在するゼロータイ(熱心党＝対ローマ反乱の指導者、超過激派)的要素とかいわれる面が、そのままに出ている急進的革命運動である。このアナバプテスト派と南部バプテストがどういう関係にあるかはしばらく措く。教会史的には、系統的・直接的関係は皆無とされるのが定説だが、私自身はこの定説を額面通りには受けとっていない。

アナバプテスト(再洗礼派)とは彼らの自称ではなく、他のものが名づけた一種の蔑称である。従って、バプテスト派も一時はアナバプテストと呼ばれ、彼らはこれを否定するため、両者の間に厳重な一線を画している。ただ一方が自称なら、他方は他称だから、第三者から見ればある面の共通性は否定し得ない。しかしいずれにせよ、この名称は彼らが幼児洗礼を否定し、真の自覚に基づいて洗礼を受けた者だけを真のキリスト者としたことにはじまる。従ってカタバプテスト(偽洗礼派)と呼ばれたこともある。さまざまな小派があるが、最も大きな直接的影響を与えたのは、ルターが「アルシュテットの悪魔」と呼んだミュンツァーであり、その影響を受けた急進的大改革と挫折はロートマンの指導による「ミュンスター市における蜂起」であろう。ただこれにも異説はある。

ミュンツァーへの評価はまちまちである。確かに彼はある面ではドイツにおける最初の市民革命の追求者であり、ある面では新約聖書のヨハネ黙示録の記述の一部(二〇章

二、四、七）を字義通りに受けとって「千年至福」の出現を信ずる狂信者であった（少なくともわれわれ日本教徒の目から見れば）。そしてそれは、われわれが、「西欧的市民革命」と呼ぶものに内在する、奇妙な一面である。ミュンツァーはある意味ではまことに「純粋」であり、その彼から見ればカトリックはもとよりルターをはじめとする宗教改革者も、すべて偽善者であった。従ってルターへの追及・告発はローマ教会への追及以上に鋭い。彼にとっては、ルターが世界を二元的に捉え、いわゆる「肉の世界」における封建領主の支配権を認め、霊の世界を別の秩序としたことは許せないことであった。彼はあくまでも世界を一元的に捉え、封建領主への抵抗権を積極的に主張し、彼が夢想した「原始キリスト教的共産制」こそ「神の国」の地上の模型だと信じ、神に選ばれたものの任務は、地上にある一切の世俗の権力を打倒し、そこへ、前記の模型に基づく神政制的秩序を樹立することだと考えた。彼は全ドイツを歴訪し、パンフレットをくばり、支持者をつのって秘密結社をつくり、それが後にドイツ農民戦争の中の最も革命的な分派となる。だが彼はフランケンハウゼンの戦いに敗れ、捕えられて処刑された（一五二五年）。三十五歳であったと推定される。次にルター弾劾の一部を引用しよう（『原典宗教改革史』ヨルダン社刊より）。

〔きわめてやむを得ざる弁護論、および、よこしまに聖書を盗みとって、いたましきキリスト教界をかくもみじめに汚した、聖霊を持たずしてぬくぬくと生きているヴィッテンベルクの肉塊(ルター)に対する回答。――アルシュテットの人、トーマス・ミュンツァー」

……永遠の神の子たるあなたよ! あなたは聖霊を世の初めから無限にお持ちになっており(ヨハネ三章)、すべての選ばれたものたちは聖霊をあなたの満ち満ちた豊かさの中から受取っていて(ヨハネ一章)、聖霊は選ばれたものたちの中に住まっている(Iコリント三章および六章、IIコリント一章、エペソ一章、詩編五編)にもかかわらず、あなたの聖霊は、恩寵を与えられぬ獅子ども、すなわち聖書学者どものために、常に、最悪の悪魔とみなされざるを得ない運命にあったのでありますが、今こそ、賛美、名声、名誉と尊厳、尊称のすべてが、そして常光のすべてが、あなたにのみにありますように(ピリピ二章)。……

誰にもまして功名心が強い聖書学者である虚言博士(ルター)が、ときとともにますます傲慢な、霊における愚か者になり下り、自分の名声や安逸を殺すことはまったくしないで、あなたの聖書で身をかばい、嘘偽りの限りを尽し、まっさきにあなたとかかわりを持とうとは決してせずして(詩編五八編)、すでに、あなたについての認識を(真理の門口であるあなたを通して)獲得してでもいるかのように振舞い、あなたの面前においてまことに恥を知らず、あなたの正しき聖霊を徹頭徹尾さげすむのも、それほど不思議ではありません。けだし、彼は、あなたによってあがなわれたあなたの手足である私を、気狂い沙汰の嫉妬と憤懣やるかたない憎悪にかられて、正当にして真実な理由もないのに、あざけりとさげすみをこととして憤怒にたける彼の仲間どもの前では、もの笑いの種とし、我欲をもたぬ淳朴な人びとの前では、許しがたくいまわしいことに、私をサタンとか悪魔だとののしり、よこしまで瀆神的な判断でもって私をそしり、あざけります。だがそのことによって、彼は自らの正体をあからさまに暴露し、もはやふたたびかくすことはできません。……聖書がもっとも明らかにその意味を知らせるとき、聖書盗人（ルター）は激しい嫉妬にかられてこれを嘲笑し、神の霊を悪魔と名づけるのです。

聖書全体が述べているのは（あらゆる被造物も証明しているように）、十字架にかけられた神の子のことに他なりません。だから、神の子はまた、モーセから始めて、あらゆる預言者を通じ、このような苦難を受けて、父の栄光に入らねばならぬという彼の役目を明らかにすることを自ら始められたのです。このことは、ルカによる福音書の終章にはっきりと記されています。……

このようなすべてのことを、憎悪にかられた聖書学者どもは認識することができなかったのです。というのは、彼らは、当然そうすべきであったにもかかわらず（詩編一一九編）、また、キリストもそう命じておられるにもかかわらず（ヨハネ五章）、聖書を自分の心と霊の奥深い全体からきわめようとしなかったからです。彼らは、聖書について常識を持っているといっても、靴屋をまねて靴をつくろうとして、革をだいなしにしてしまう猿のようなものです。……今日の聖書学者がやっていることは、昔、パリサイ人がやったことと同じで、彼らは、聖書の知識を誇り、あらゆる本をいっぱいに書きなぐり、ときとともにますます「……信ぜよ、信ぜよ！」としゃべりまくり、しかも、信仰の起源を否定し、神の霊を嘲笑して、およそ何も信じてはいないのです。……

この背神者（ルター）は義《ただ》しき人をにわかに攻撃し、パウロをまこと愚かしく理解して……かつぎ出します。それにもかかわらず彼は、自分こそ地上でもっとも賢き者であると主張し、自分と肩を並べるだけの賢者はいないと自慢します。さらに彼は、聖霊を求める人びとをすべて狂信の霊と呼ばわり、霊という言葉が語られたり、読まれたりしても、それを聞こうとはしません。……彼は、「ひたすらに信じよ」といいますが、信ずるために何が必要か、を知りません。……私は、聖書を正しく取扱い、聖書の最初の部分を正しく関連づけて、神の律法の純粋さにいたろうとつとめ（詩編一一九編）、聖書のあらゆる言葉によって神を畏れる霊の実現を宣べる者であって、ヴィッテンブルクに住む背神の肉塊に、神の命令を宣べることなく、また、聖霊による懲罰の後に初めて全面的に体験される信仰の起源（ヨハネ一六章）を知ることなしに、神の新しき契約を取扱うというまやかしのやり方を許そうとはしません。……

私は、狡知にたけた烏（ルター）が、私を攻撃した彼の本の中であなたがごらんになるように、背神の悪人どもにへつらい、彼らをあくまでも擁護しようとしていることを全世界に伝えたいのです。このような態度から、虚言博士が神の家に住まっていないことが明らかになります（詩編一五編）。背神の徒輩は彼によってさげすまれることなく、反対に、多くの神を畏れる人びとが、背神の徒輩に味方した彼によって、悪魔とか反乱を起す霊とののしられているからです。しかも、黒い烏はこのことをよく知っているのです。彼は、腐肉を与えてもらうために豚どもの頭から目をつつき出し、現世の逸楽にふける者どもを、彼らに寛大であることによってめくらにし、それによって、彼らから名誉や財産、とくに最大の尊称をたっぷり与えてもらいます。

……

しかしそれにもかかわらず、卑屈おやじ、このご寛大なるお仲間がやってきて、私が反乱を起そうとしている、鉱夫たちへ宛てた私の手紙からその意図を読みとった、といいます。彼は一つのことだけはいっていますが、もっとも決定的なことは黙っています。それは、私が君主たちの前で社会全体が剣の力と繋釈の鍵を持っている、とはっきり意見を開陳し……君主たちは剣の主人ではなく、剣のしもべであり、彼らは

ということです。……

好き勝手に振舞うべきでなく（申命一七章）、正しく行動しなければならぬと述べた、

哀れなおへつらい屋（ルター）は、恩寵をデッチ上げてキリストで身をかばいますが、これは、パウロの言葉（Iテモテ一章）に背いています。彼は、商取引に関する本（ルターの論文『商取引と高利について』）の中で、「君主たちは安んじて盗人や強盗どもに交われ」といっています。しかしこの本の中で、あらゆる窃盗の原因については黙っています。彼は、流血の先ぶれで、この世の財貨のために人びとを殺戮することで感謝を得ようとしています。しかし神は、このようなことを、ご自分の意図として命じてはおられません。見て下さい。高利、窃盗、強盗の根本原因は、われわれの支配者や君主どもであります。彼らはあらゆる被造物を取上げて、私しています。すなわち、水の中の魚、空の鳥、地の作物、すべては彼らのものでなくてはいけません。それどころか、彼らは貧しい人びとの間に神の命令なるものを発して、「汝盗むなかれ」と神は命じられた、といいます。しかし、このようなことは彼らには役に立ちません。そこで彼らはすべての人間を強制し、貧しい農民や職人、さらには生きとし生けるものを苛斂誅求《かれんちゆうきゆう》するのです（ミカ三章）。ほんの些細なものでも侵した者は、絞め殺されなければなりません。それに対して虚言博士は、アーメンといいます。支配者どもは、貧しい人間が彼らの敵となる種を自ら蒔いているのです。反乱の原因を彼

らは取除こうとはしません。ときをかければ、事態がよくなるということはあり得ません。私がこういうと、私は有無をいわさず反乱の徒と見られるのです。……

悪魔は、キリストとキリストのしもべたちに逆らおうとして、きわめて狡猾なはかりごとを企てます（Ⅱコリント六章および一一章）。悪魔は、あるときは、こびへつらうようないつくしみを用います。キリストの言葉で背信の徒輩を擁護しているルターがそうです。またあるときは、おそるべききびしさを用います。しかし、それはまやかしの正義を口実として、現世の財を得んがためです。……悪魔は父の律法を侮り、キリストのいつくしみというもっとも貴重な宝を手段として、お偉方の前にこびへつらい、御子の寛容を持出して、父とそのきびしき律法とを滅ぼし（ヨハネ一五章および一六章）、律法と恩寵との、聖霊による区別を無視して、その一方を他方で打消し、ついにはこの地上に正しき認識がほとんど無き（エレミヤ三章）状態にいたらしめたのです。かくして、キリストはひたすらに寛容であって、背神のキリスト者どもが彼らの兄弟たちを思うままに苦しめても、これをお赦しになる、と考えられるにいたりました。……

虚言博士は、彼の教えがいかに公正であるかについて壮大な論証を行なって私を反駁し、そして、すべてのものを掘り起したい、といいます。しかし結局のところ、彼には説教は重要ではないのです。というのは、彼は、宗教的な分派は必ず存在するものだ、といっており、君主たちにも、私の説教を妨げないように、と頼んでいるからです。それに対して私が望んできたことは、ルターが言葉でもって行動し、世界の前で公に私を審問し、私と対決し、かくして言葉によってのみ行動する、ということに他ならなかったのです。ところが実際には、彼はまるで逆のやり方をして、君主たちを前に出してその陰にかくれようとしています。これは、実際に、「ルターたち自らが福音を迫害しようとするのか」と誰にもいわれないための陰謀です。彼らは私に説教をさせるべきで、説教を禁止すべきではありません。にもかかわらず、私は手控えることを命ぜられ、書きものを印刷することも禁止されました。……

お前（ルター）が救世主ならば、まことにお前は不思議な救世主であるにちがいない。キリストは栄光を彼の父に帰し（ヨハネ八章）、「わたしがもし自分の栄光を求めるなら、その栄光はむなしいものである」といわれた。ところがお前は、オルラミュンデの人びとに自分を位の高い尊称をつけて呼ぶことを要求した。お前は（鳥にふさわしく）神の子の名を盗み取り、お前の君主たちから感謝されたいと願っている。学識高き卑劣漢たるお前よ！　お前は、神がイザヤを通して四二章で述べておられる言葉、「わたしはわが栄光をほかの者に与えない」を読んだことがないのか。お前は位の高い人びとを、パウロが使徒行伝二五章でフェストを名前で呼んでいるように、名前で呼ぶことができないのか。なぜお前は、これらの人びとを尊貴なる君侯と呼ぶのか。かかる尊称は彼らのものではなく、キリストのものなのだ（ヘブル一章、ヨハネ一章および八章）。……

恥を知れ、大卑劣漢！　お前はすべての人間を義認しようとした。そして、そのことによって、へつらいで、この迷える世界に媚びようとしているではないか（ルカ九章）。だが、お前は、非難すべき相手をよく心得ている。哀れな修道僧や坊主ども、商人らは、お前に非難されても自らを弁護することができない。だからお前は、彼らを安んじてののしることができる。それに対して、お前の意見では、誰も、背神の統治者どもを、たとえ彼らがキリストを足で踏んづけても裁いてはならないのだ。お前は、農民たちを満足させるために、君主たちは神の言葉によって滅びるだろうと書き、また……君主たちはその座から突落される、という。……だが、お前は君主たちをののしりはしたが、ふたたび彼らをご機嫌にすることができる。新しき教皇たるお前は、彼らに修道院と教会とを贈るからだ。それだから、彼らはお前にご満足だ。……お前は、文筆でもって多くの正直な人びとに向けて私を誹謗中傷した、私はお前にそのことを証明できる。お前は中傷によって私を悪魔だと公然とののしった。実際お前は、あらゆる反対者にこのようなやり方をする。……

彼は神の言葉を多くの無駄なたわごとに仕立て上げ、あざけりの種として、私が神の言葉を天来の声と呼び、天使が私と語り合っているなどとふれている。これに対する私の答は、全能なる神が私とともになし、私とともに語られたことについては、私が神の証しを通して、聖書に基づいて人びとに告知したこと、ただそのことの他には多く誇ることはできない。私は、神意について、私の単なる臆見を説教しようとはしない、ということである。私がそんなことをすれば、私は喜んで、神と神の愛する友たちによって罰せられたい。そして、神と神の愛する友たちにすすんで責を負う覚悟である。だが、あざける者に対しては私はいかなる負い目もない（箴言九章）。……お前がヴォルムスで帝国議会の前に立って耐えたことに、ドイツの貴族は感謝してよい。お前は、貴族の口をまことに巧みになでさすり、蜂蜜を与えてやっていたからだ。すなわち、貴族は、お前がお前の説教でボヘミア風の贈物、すなわち、修道院と教会を与えてくれるだろうとひたすらあて込んでいたのだ。もっとも今ではお前は、その贈物を君侯たちに約束しているが。それだから、もしお前がヴォルムスでずっこけでもしていたならば、お前は放免されるよりも先に、貴族によって刺し殺されていただろう。誰もがそのことを知っているのだ。……私は、できることなら火にかけた鍋か器《うつわ》の中で、お前がお前の傲慢を、神の怒りによって焼かれる匂いをかぎたいものだ（エレミヤ一章）。……

虚言博士よ！　狡猾な狐たるお前よ！　お前は嘘いつわりによって、神が悩まされたことがない義《ただ》しき人の心を、哀しみにひたした。そうすることによってお前は背神の悪漢どもの力を強め、彼らが常に、彼らの昔ながらの道に留りうるようにした。それゆえにお前は、捕われた狐と同じ運命を辿るだろう。民は自由になろう。そして、神のみが民の主となり給う。

だがそうした彼は殺された。四年後、ミュンスター市に現われたロートマンは、ルター派からアナバプテスト派に転じ、同志を集めてしだいに勢力を得、ついに市の実権を握る。彼は市民軍を編成し、対立するカトリック聖職者・修道士をはじめ、反対者をことごとく市より追放、同時に熱狂的改革がはじまる。市は監督軍の重囲に陥るが、彼らは千年至福の実現が近いと信じ、一切平等の共産主義的生活と一夫多妻制を施《し》き、ロートマン自身九人の妻をもち――この興味深い傾向は、イギリスのピューリタンのランター派のフリー・セックスの主張にもある――神政制樹立の目的を貫徹しようとするが、食糧の欠乏・支持者の熱狂的暴徒化等のため、一年足らずで市は陥落し敗退した。ほとんどの〝暴徒〟は虐殺され、その最後は凄惨をきわめた。これが「ミュンスターのダビデ王国暴動」と言われるものである。アナバプテストは新旧双方から弾圧をうけたので、死刑に処せられた者だけの総計で、六、七万人と推定されている。

なおアナバプテストには、このミュンツァー的行き方とは別の一派があり、その指導者の一人、オランダ人メノー・シモンズの系統をひくのがメノナイトで、現在アメリカに約三十五万人おり、独特の共同体を形成している。これについては勝田吉太郎教授の詳細な紹介があるから省略する。

もちろん、ピルグリム父祖たちが渡米を決心した時代は、これらの混乱期からすでに一世紀近くを経過し、モンテーニュ、セルヴァンテス、グロティウスらの新しい思想がすでに生れ、彼らが渡米した十七年後に、デカルトが『方法序説』を公刊している。従って、当時もっとも自由主義的かつ合理主義的であったオランダにおける十二年が、彼らに強い影響を与えたことは否定できない。否むしろ、この強い影響により、自分の子孫が彼らのピューリタニズムを失うかもしれぬという恐れ（その子弟にはオランダ軍の傭兵になる者すらいた）、彼らの記述を借りれば「世俗の大海にかこまれた信仰の一孤島」がオランダという「世俗世界」に埋没し消滅するかもしれぬという恐れが、彼らの新大陸への脱出の最大の動機であったことは記録に残っている。だがそれは、彼らが、合理主義の影響を受けなかったと言うことではない。が、新大陸にミュンツァー的事件がなかったわけではないし、現在のアメリカにミュンツァー的傾向の人間がいないわけではない。

四

しかしわれわれはここで、ミュンツァーに接したときと同じような一つの「戸惑い」

をおぼえる。そしてその「戸惑い」は、「ファンディ」の学者、特に高名な科学者や医者に接したときの「戸惑い」、さらにこの人たちが堂々と「聖書を絶対としているからこそわれわれは、科学絶対の誤りをおかさない。従って現在アメリカが陥っているような誤りから逃れ得ている」と言われたときの「戸惑い」であり、ジミー・カーターなる人物の彗星的出現に接したときの「戸惑い」である。

　ある面だけを見、他の面を捨象すれば、ミュンツァーを、ドイツ市民革命の最初の追求者と規定することは非常に簡単である。事実彼は、農民の側・職人の側に立ち、生涯そのために戦ったのであり、「ツヴィツカウの予言者」と呼ばれた彼の説を奉じた一群の運動家にはシュトルヒのような織物工もいた。だが実際に彼らを動かしたものは一つの「合理性」への追求ではなく、千年至福説的夢想と、直接的霊感という神秘主義的衝動と、それによる宗教的法悦《エクスタシー》に基づく直接的行動にすぎなかったことは、前記のルター弾劾を見れば明らかであろう。そしてこれを二面と言ったところで、それはわれわれが一応「そう分けて見ている」と言うだけにすぎず、ミュンツァー自身の中では、この二つは「不可分の一つの根本《ファンダメント》」だった。この事実、そして彼自身は徹底した一元論者、二面的に捉えるなどという態度自体を徹底的に排撃した人物だったというこの事実、それを見ていると、「一つの一元的合理性を徹底的に追求させている原動力が、実は、最も非合理的な原初的な一つの力であり、この力を失えば合理性の追求は消え、この力が絶対化されればやはり合理性は消える。そしてその力は新しいものでなくむしろ最も保守的な伝統にある」と言った関係にあるとしか思えないのである。そしてこの不思議な関係は、「聖書の言葉の一言一句は絶対に誤りなき神の言葉」だと断固として主張する根本主義者《ファンダメンタリスト》の高名な科学者の中にも見られる関係である。簡単にいえば、われわれにとって、全く異質と見ることが〝常識〟である二つの要素が、一人格の中に、当然のことのように一体になっていること。そこでわれわれは「戸惑って」踏みこめず先へ進めなくなるのである。そしてそれは、彼らがわれわれの世界の前記の併存に接したとき、戸惑って先へ進めなくなるのとよく似ている。

以上のように見れば、ピルグリム父祖が神政制《セオクラシー》を求めたのか民主制《デモクラシー》を求めたのか、といった質問自体が、ミュンツァーへのその質問同様、無意味なものとなってくるであろう。いわば彼らにとって、一つの合理性追求と聖書絶対は一体になっているのであって、それを一体化し合理的組織的思考体系となしうるために神学が要請されているわけである。従って合理性と聖書的神政制とは、宗教と科学という形で必ずしも対立しているのでなく、一方の追求は究極的には一方の成就という発想になる。これは科学者のファンダメンタリストにほぼ共通しており、これはピューリタンのものの考え方に起因しているように思われる。

もちろん「ピルグリム物語」は一つの「神話」にすぎず、これは「アメリカ建国神話」と見るべきものであろう。しかし現実に、国民とよばれる者を拘束するのは「神話」であって事実ではない。「天孫降臨」の建国神話と「維新神話」が戦前の日本人を拘束し、それと同系統の「戦後神話」が現代を拘束している以上、「アメリカへの天孫降臨神話」が彼らを拘束して当然であろう。彼らは、「アメリカという地に、ロビンソンの『神勅』をもって降臨した天孫たち」である。そしてその地、「国神」のいる地は、彼らにとって先住者のいる「約束の地《カナン》」であり、そこに建てる秩序は「新《ニュー》エルサレム」であらねばならなかった。では一体、彼らは、どんな「神勅」をもらって、どのような秩序を打ち建てるべく「降臨」したのであろうか？

彼らの指導者、アルミニウス論争にカルヴァン側に立ったロビンソンは、老齢のため渡米を断念し、ライデンに残り、その地に没した。その彼は、長老ブルースターの指揮下に、スピードウェル号でサウサンプトンまで行き、ここでメイフラワー号に乗る先遣隊に、送別の言葉として聖書の一句を読み、説教をした。その一部は、当時の会員に記録され、今も残っている。

彼が読んだのは、旧約聖書エズラ記八章二一節以下であり、それは「そこで私（エズラ）は、かしこのアハワ川のほとりで断食を布告し、われわれの神の前で身をひくくし、われわれと、われわれの幼き者と、われわれのすべての財貨のために、正しい道を示されるよう神に求めた」であり、説教の結びの言葉は「……従って諸君もまた、神に対しまたお互いに対して次のことを契約するがよい。すなわち諸君が聖書に記された神の言によって示されるすべての真理をうけいれること……」である。

ではこの前文と末尾の間で、一体彼は何を言ったのか、それはわからない。しかし何も記録が残らなくとも、否たとえ彼が何も言わなくても、「聖書の人」(Bible men)と呼ばれた者の子孫、聖書だけを唯一絶対の権威として「なめるように」読んでいた人びとには、彼の言わんとすることはすべて明らかだったに相違ない。というのはこの一節は、バビロン捕囚の地アハワ川のほとりからパレスチナに帰り、そこに新《ニュー》エルサレムすなわち新秩序を樹立するに至った「エズラ革命」の記述のはじまりだからである。エズラはいま「約束の地」へ出発しようとし、その前途を神に祈りかつ託すべく断食をしている。ブルースターたちはいま「新大陸」へ出発しようとしている。ロビンソンは彼らを、エズラとその一行にたとえたのであった。従ってこの次には、「約束の地＝新大陸」において新しいエズラの行なうべきことが来て当然であろう。それは言わなくとも指導者ブルースターにはわかることであった。エズラ革命はあくまでも「民衆」を背景にし、それを基盤とした革命であり、一切の武力乃至はそれに類似した手段は使われず、あくまでも言論によって民衆の支持を求めるという点では、その表われ方は、きわめて〝民主的〟である。いわば、パレスチナに何の地盤もなく、祭司でも、預言者でもない通常の人(レイマン)エズラが民衆の前に立ち、携えてきた律法《トーラー》の書を示し、自国の歴史と伝統を説き、律法《トーラー》の書への復帰と忠誠を説くことによって民衆の絶対的支持を得、それを背景に、神殿による当時の知的支配階級〝ベスト・アンド・ブライテスト〟すなわち祭司階級の一部を追放し、一部を慴伏《しょうふく》させ、もう一人の改革者ネヘミヤと共同して、神政制国家を設立する物語である。だが、少々悪意ある見方をすれば、典型的な「扇動による民衆支持の獲得」ともいえる。そしてその最初に出てくる〝演技〟は、非伝統的・非倫理的行為——当時の感覚でいえば〝ウォーターゲート的行為〟——に対する痛烈な悲歎の表現なのである。

もっともこの事件の歴史的同定は非常にむずかしく、エズラ帰還の年代を前四五八年におく学者と前四二八年に置く学者、前三九七年に置く学者がおり、それによって評価がまちまちだが、前三九七年なら、確かにペルシャ連邦内での独立を認められ、貨幣の鋳造権をもち、現存する最古の青銅貨「ユダ貨」は、このとき鋳造されたものである。またユダヤという名称もエズラ期にはじまり、またラビの伝説的な祖は通常エズラとされる。だがこういった見方はあくまでも聖書研究者の見方であり、ピルグリム父祖にとっては、これらの記述は神の指示であった。そこで、ここで取り上げたいのは、この「エズラ革命」の行き方と、これが、アメリカへの「天孫降臨」の神勅であったという点、そしてこのエズラ革命への連想につづくロビンソンの結論は「……次のことを契約するがよい。すなわち諸君が聖書に記された神の言に示されるすべての真理をうけいれること……」であったという点、いわば秩序の根本をここに置けといった点である。一体これは神政制《セオクラシー》なのか、民主制《デモクラシー》なのか。少なくともエズラ革命自体は、民衆に支持されたから民主制だなどとは言えない。では彼らは？　だがこの問いはおそらくミュンツァーへ「あなたが追求しているのは市民革命なのか、ヨハネ黙示録の千年至福なのか」という問いかけ同様、無意味なものかもしれない。確かにピルグリム父祖にはその一世紀前に演じられたような熱狂的狂躁状態はない。だが神政制と民主制が一人間の中で分ちがたい一つの理念となっているという点では、両者の間にその差は認めがたい。エズラ革命が一つの予表なら、それは「手段における」合理性だけの差である。従ってこのエズラ的神政制《セオクラシー》の伝統の延長上にある限り、その国民が一つの転機に立つとき、エズラの如くに行動すれば、彗星のように現われた者でも、〝神殿〟を乗っとることができるであろう。だがそうやってできあがった民主的神政制なるものは完全な律法主義になり、エズラのように異教徒との結婚禁止、既婚者の強制離婚からその妻子の追放による「純粋」の確保にもなれば、法の強制によって飲酒を禁ずる「禁酒法」になっても不思議ではない。確かにアメリカには「禁酒法」という合理的な「法の限界」を越えた〝前科〟があり、また原田統吉氏の『ＣＩＡの論理と倫理』をこの観点から読むと大変に興味深い。事実彼らの歴史は、アメリカ的神政制と合理的民主制と千年至福的熱狂主義と市民革命と道義外交が奇妙に混合し、その超倫理主義は、それを施行される側から見れば〝ミュンスターの暴徒〟の後裔とも言いたい残酷な様相を呈するといった、奇妙な様相を呈している。

そしてその歴史の上に迎えた一九三三年は、アメリカだけでなく、多くの国にとっても、一つの転換の年であったろう。ヒトラー内閣は成立し、ローズヴェルトは大統領に就任してニューディール政策を開始し、ソ連を承認し、日本の松岡代表は国際連盟から退場した。そしてこの年からすでに半世紀近くが経過している。この間の各国の行き方はさまざまだが、多くの国は、その時期は別々とはいえ、戦争の勝敗に関係なく一種の神政制から合理主義的民主制へと次々に転化していった。それはさまざまな国で一種の「合理性万能信仰」を生み出し、これがこの半世紀の指導原理であったことは否定できない——もっとも転化の時期により、国々によって時期の長短はあるが——そしてそれは、いわゆる低開発国の指導原理にすらなった。

だがそれへの万能信仰は、最も早くこの合理性へと方向を転換し、経済的合理性に基礎を置いて政治的・社会的合理性を求め、それで過去を克服し得たと信じたアメリカにおいてすでに崩壊した。ＩＣＵの古屋教授は「ファンディ」の出現にこの点を指摘する。すなわちその国の最上の知識人集団が、一種の〝権威〟の如く国民に臨んだ「ベスト・アンド・ブライテスト」が、あらゆる面で大きな失敗をしたという幻滅感・挫折感が、彼らに改革を求めさせる。ところが彼らの伝統では改革は常に、宗教改革であれエズラ革命であれ、「ファンディにもどって……」という復古主義になってくる。それが「断固たる根本主義者《ファンダメンタリスト》」を地盤とするジミー・カーターの彗星的出現であり、同時に「アメリカはいまに南部《サザン》バプテストに征服されますよ」という、東部知識人の嘆きになり、同時にある時点では、そのエズラ革命的行き方には対抗する手段はないという、合理主義者の一種の無力感にもなる。だが、合理性追求の〝力〟は非合理性であり、その非合理を〝去勢〟すれば合理性の追求は結局「言葉の遊戯」になり、その遊戯において「言葉の辻褄」は合ってもそれが現実に作動しないことは、宗教改革以来の原則ではなかったのか？　もし合理性の論理的追求だけで十分なら、ミュンツァーは存在し得ないし、それは、ピルグリムを、ロビンソンの「神勅」をもってアメリカに押し出す力もなかったであろう。彼らのこの力を、新約聖書以来のゼロータイ的要素――それはエズラに起因するであろう――と考えるなら、合理性なるものは所詮これへの制御装置にすぎず、合理性自体は、何かを説明はし得ても、何も動かしうるはずがない。従って動かそうという「改革」なら、彼らが「ファンディ」にそれを求めて不思議ではあるまい。それはイスラエルでヤディンに出馬を求める心情と同じものであろう。もちろん、両者とも、その結果のほどはわからないが――。

五

西の端でも東の端でも、世界は半世紀ぶりにこういう転機を迎えている、と言えるかもしれない。だが、他人のことは一応他人のことである。彼らがわれわれに大きな影響をもつとは言え、彼らはわれわれではない。一体全体、われわれの「ファンディ」はどこにあるのか？　戦後か、明治か、否もっと古くか。「日本人が憲法を扱う態度は、まるで根本主義者《ファンダメンタリスト》が聖書に対するようだ」という一アメリカ人の批評は、ある意味であたっているが、ある意味ではあたっていない。われわれには、「教皇はそう言うが、聖書はかく言う」という形で、憲法をもって絶対の権威に抵抗をしたという歴史は、ありそうに見えて実は存在しない。「法」は、ミュンツァーを生み出さず、千年至福的エネルギーで市民革命を追求するという衝動を起させない。というのは「法」はいわば合理性の象徴であり、それは非合理性の〝制御〟とはなり得ても、それ自体が、何かを改革さすか、あるいは自らを破滅さすかの〝力〟とはなり得ないからである。従って「不磨の大典」をあるいは「平和憲法」を守るという意識自体が、その制御装置がある〝力〟に破られるか、一部破られているか、いまに全部破られそうだという意識ではあっても、一つの新しい合理性への追求に、一つの非合理性が〝力〟として作用しているから、その〝力〟には新しい合理性という新しい制御装置が必要だという意識ではない。

おそらくこの辺が、われわれの「ファンディ」であろう。冒頭にもどって再びギブニー説を引用すれば、それは伊藤博文という〝天才〟の敷いた路線だといえる。彼によれば、伊藤は、憲法調査のため西欧をまわって「キリスト教伝統と西欧の憲法が分ちがたく結合したものであることを知った」という。確かにミュンツァーにおける「市民革命の追求と千年至福説」は分ちがたく、ロビンソンにおいて「神政制《セオクラシー》と民主制《デモクラシー》」とは分ちがたく、根本主義者《ファンダメンタリスト》において「聖書絶対と合理性」は分ちがたい。しかし伊藤は、この「分ちがたい」ものを、その合理性だけ「分離して、日本にもって帰ることを可能と考え、その方法を探究した」これはまさに、天才のみがもちうる発想であると彼はいう。

そう、彼から見れば〝天才〟なのかもしれぬ。しかしわれわれから見れば、伊藤など足下に及ばぬ天才新井白石が、すでに同じ考え方をしているのである。そして白石の行き方こそ伝統であり、かつ、だれ一人疑わぬ常識であり、伊藤博文こそ伝統に盲従した典型的な常識人である。というのは、西欧的憲法と現人神の併存は、進化論と現人神の併存と似た関係になるからである。われわれはそれを分離して輸入し、併存させることができるのを当然自明のことと考えているから、根本主義者《ファンダメンタリスト》の科学者に戸惑い、アメリカの神政制的一面に戸惑い、市民革命的抵抗の中の黙示録的千年至福的エネルギーに戸惑い、戸惑うまいとしてその面はすべて捨象し、見ないですごして来た。そして相手を否定的に見る場合は、この部分をまた切り離して強調した。それがいずれに出ようと、「ある面を見ない」という態度であり、それは結局「見ない」ということである。もっともそれを本当に見てしまったら、戦後、アメリカ型憲法だけを分離して入れれば十分という〝伊藤博文〟的天才路線をそのまま踏襲することはなかったであろう。

明治憲法は、それが発布された時点においてはそれなりの合理性と何らかの有用性（特に外への誇示として）とを持ち得たかも知れぬ。しかしそれは、日本的非合理性の上に立ってその〝力〟を制御して、改革にと転化させるべく構成されたものではない。従ってそれが強力であれば、非合理性はそれ自らで合理性へと指向する活力を抑えられ大正的無目的性（三木内閣的無目的性でもよい）へと転化し、非合理性を自らに内在せざるを得なくなる。だが、内在した非合理性が外部的・内部的要因から、一つの解決を目指す〝力〟に転化して暴走をはじめたとき、その憲法は、制御装置としての力は発揮できず、実質的には空文と化してしまう。それがわれわれの歩んできた道であった。そしてその破綻の清算において、もう一度同じことをやり、それを「お守り」の如く保持すれば大丈夫という「神話」をそのまま継承したのが戦後である。

われわれに於いても、その伝統的な合理性と非合理性は結合しており、その合理性だけを抽出分離して、自国の経済発展の方式として採用しようとした低開発国は、例外なく失敗していると言ってよい。そしてわれわれはその失敗を当然視しながら、自らがある面で同じことをやって失敗したのだという自覚がないだけである。

戦後の日本人の意識は、〝出版物〟という点から見れば、大きく二期に分けられよう。一つは終戦時から六〇年安保までの意識で、それは弘文堂のアテネ文庫の広告文の如く

「暮しは低く、思いは高く」の時代であった。俗にいう〝わだつみ時代〟である。これが六〇年安保を境に(一、二年のずれはあるが)一転し、「暮しは高く、思いは低く」となった。ハウツーもの、利殖ものから経営学書ブームに至るまでの時期、その頂点に立つのがさまざまの「田中角栄伝」と「列島改造論」である。いわば「暮しは高く」が絶対的価値となり、御殿に住んで錦鯉がいれば、そこの住人の「思いは低く」とも、それは一切問題にせず、その人が英雄でありうる時代であった。

「弁証法」というものが信頼できるなら、この意識の「正」と「反」の次は「合」であり、「暮しも思いもある程度高く(低く?)」という状態になるであろう。面白いことに、明治期にもこの転換があり、大正期に一種の「合」の時代に入るのである。そしてこの「合」が、新しい非合理性の打撃を受けたとき、国内の一切の勢力は、本当は「何をしてよいのか一切わからない」という状態になり、その非合理性は、制御なきままに、どこかへ走り出す。このとき、〝伊藤博文の路線〟はもう無力である。というのは、その非合理性を制御して改革へ転化すべき、その非合理性に基礎を置いた制御装置が一切ないからである。そのためすべての機構は、何ら作動し得ない虚構のまま、ただ右往左往せざるを得ない。

われわれはどこかで、そのことを知り、その危惧を常にもっている。分離輸入の合理性と制御装置は、軍事力の時代に「軍事的エネルギー」を制御できなかったように、経済力の時代に「金脈的エネルギー」を制御し得ず、このままでは今後もおそらく制御し得まい、選挙があれば、「金脈首相的人物」は民主制の〝洗礼〟による〝みそぎ〟で再登場するであろう、という人々の予想はそのまま的中している。そしてその種の予見は常にその通りに実現した。なぜであろうか？　戦後民主主義者の〝ファンディ〟にも、それと分ち難く密着した何らかの〝神政制〟的絶対があり、その非合理的絶対が生み出す力を、輸入の合理性が制御し得ていないということであろう。

そして制御し得ていないと感じたとき、まず出てくるのが、輸入の制御装置を絶対化することにより、あらゆる面でこの〝力〟を圧殺し封じ込めようという行き方である。大正にもそれがあり、戦後もそれがつづき、それを行なうのが〝野党〟の役目であった。そして戦後の行き方は、軍事的エネルギーを封じ込めておけばそれで十分という発想であり、封じこめられたエネルギーが方向を転換してその非合理性を発揮したとき、その非合理性に応じたいかなる制御装置があればそれを改革に転化しうるか、という発想は皆無であった。従ってそれは、常に「空気」による極端な転化から、「水」による再転化へと二転三転しただけである。

外部のファンディを見ないという伝統は、自らの〝ファンディ〟を見ることを不可能にしたのであろう。そしてこれが三転、四転すれば、いずれは、自らがその力を失い「〝思い〟と〝暮し〟が乖離《かいり》していない」平穏状態、というより停滞状態に入り、鎖国的社会が再現されるであろう。その指向は確かにあるが、これの実現は不可能と思われる。となればわれわれは自らの〝ファンディ〟を再把握する以外にない。

では、その「ファンディ」とは一体何なのか。これを無視すれば、われわれは常に、同じ状態のくりかえしかもしれない。それを防ごうとするなら、われわれの合理性に分ちがたく密着している一つの神政制的要素を探究し、それの制御装置を自ら創出する以外にない。これはアメリカの神政制とは非常に違ったものと思われるが、しかし彼らの神政制の影響をきわめて敏感にうけやすい要素だとも思われる。それは、「神の前での平等」と対比さるべき「一君万民的・家族的平等」であり、この平等主義に基づく一つの倫理主義であり、その倫理主義を強行しうる「強権」への喝采である。しかしそれの基盤となっている一つの絶対制は、彼らの如き教義（ドグマ）の絶対化でなく、むしろ家族的相互主義に基づく自己および自己所属集団の絶対化とでもいえるものであろう。従ってわれわれは一つの絶対化を行ないつつ、「ドグマ」という言葉を何よりも嫌いうる。そしてそれなるがゆえに、検察に喝采を送る国民と、金脈首相の選挙区への〝奉仕〟という〝倫理主義〟への〝金権的〟実力の発揮に投票しうる選挙民とが同一国民でありうる。

われわれも自らの「ファンディ」にもどって、そこから一つの改革を導き出そうとするなら、まず検討すべきものは、この点だと思われる。そしてその点は何も選挙民にあるだけでなく学者にもある。根本主義者《ファンダメンタリスト》の科学者にわれわれが〝戸惑う〟ように、彼らを〝戸惑わせる〟日本の科学者の〝科学上の問題〟の最終的決定が〝通常性的教義の決定〟にゆだねられ、「父と子の隠し合い」の倫理が優先する一面があり、また科学万能にならぬためそれを是認する面もある。そしてそれらは最終的には最も非論理的な政党がもつ一種の合理性に表われているのである。

それは一言でいえば空気を醸成し、水を差し、水という雨が体系的思想を全部腐食して解体し、それぞれを自らの通常性の中に解体吸収しつつ、その表面に出ている「言葉」は相矛盾するものを平然と併存させておける状態なのである。これが恐らくわれわれのあらゆる体制の背後にある神政制だが、この神政制の基礎はおそらく汎神論《パンティズム》であり、従ってそれは汎神論的神政制と呼ばれるべきものである。

そしてわれわれは、そういう形の併存において矛盾を感じないわけである。これがわれわれの根本主義《ファンダメンタリズム》であろう。ではその体制は一体どんなもので、どのような欠陥をもち、それが将来どのように作用し、どうすればその欠陥を克服しうるか、これがわれわれのもつ問題である。

六

日本人は「情況を臨在感的に把握し、それによってその情況に逆に支配されることによって動き、これが起る以前にその情況の到来を論理的体系的に論証してもそれでは動かないが、瞬間的に情況に対応できる点では天才的」という意味のことを、中根千枝氏は大変に面白い言葉で要約している。「熱いものにさわって、ジュッといって反射的にとびのくまでは、それが熱いといくら説明しても受けつけない。しかし、ジュッといったときの対応は実に巧みで、大けがはしない」と。

オイルショックのときの対応の仕方は、まさにこの言葉の通りだが、過去を振り返ってみれば、公害問題でも同じである。この傾向は確かにわれわれにあり、またあって当然と言わねばならない。われわれは情況の変化には反射的に対応はし得ても、将来の情況を言葉で構成した予測には対応し得ない。前に〝カドミウム〟のところで「科学は万能ではない」という新聞投書を引用したが、その人が主張のつもりで言っていることは実は現実であって、言葉による科学的論証は、臨在感的把握の前に無力であったし、今も無力である。戦時中もそうであったが、このことは戦後も変っていない。「大躍進」のとき桶谷繁雄氏が専門の冶金学の立場から中国の土法製鋼で鉄ができるはずがないことを論証したところ、総攻撃にあった経験を記しておられる。冶金学者の科学的技術的専門的論証はだれも信用せず、土法高炉が立ち並ぶ壮大な写真に人びとは反応するわけである。同じように洗剤騒動のとき、メーカーは少しも売りおしみをしていないし、減産をしているわけでないことをいかに論証しても無駄であったことを、ある会社の社長が、「あれにはホトホト弱り果てた」といった口調で話されたことがあった。この場合も、この社長がどのように論証したところで、洗剤が倉庫に山積みになっており、代議士などの摘発隊が、勇ましくブッている写真と記事の方に人は反応するわけである。

同じことは今もなお行なわれている。先日原子力発電の今井隆吉博士が「その人に提供し、その結果その人がもっているはずの情報量と、その人の態度変更とは関係ない」ことが、さまざまの調査の結果明らかになり非常に驚いた旨話された。簡単にいえば原子力発電について三、四時間かけて正確な情報を提供し、相手の質問にも応じ、相手は完全に納得したはずなのに、相手はそれで態度は変えない。そして、いまの説明を否定するかの如く見える一枚の写真を見せられると、その方に反応してしまうという。これも土法高炉の写真に反応するのと原則的には同じことであろう。これは桶谷氏の二十年近い昔の体験ときわめて似ている——いかに土法で鉄が出来ぬと専門家が学問的にこれを論証しても、また人びとがその論証に納得してもそれで態度を変えず、一枚の壮大な写真の方に反応してしまう。そしてこれはまさに戦争中の状態なのである。こういう事例は挙げて行けば際限がない、というより逆の事例を探す方が困難なわけである。

ではこういう傾向は日本人だけのものであろうか。決してそうではない。また、映像を否定して論証だけにすればこれがなくなるのであろうか。決してそうではない。非論理的な言葉の積みかさねが映像的に把握され、人がこれを臨在感的に把握してそれに拘束される場合があり、その典型的な例をあげれば黙示文学である。黙示文学といっても日本ではヨハネ黙示録しか知られておらず、それもほとんど読まれずかつ研究もされていないが、これは簡単にいえば、ある種の「言葉の映像」を順次に読者に提供していくことによって、ある状態に読者を拘束してしまう文学だと言ってよい。そしてこれに拘束されると、人は、たとえ論理的に論破されても心的転回を起さず、そのままでは確実に殺されることを論証されても態度を変えずに殉教してしまうわけである。黙示文学にはしばしば神話的手法がつかわれ、この方向から見れば、戦前の歴史教科書は、「神話を事実として教えた」というより、一種の黙示文学と考えた方が合理的で、これに拘束された人は、たとえ日本の破滅を論証しようと、そのまま進めば死しかないと証明されようと、それによって態度を変えなくて不思議ではないのである。そしてこのことは、日本人が特別に異常な民族でないことを物語っている。人間は同じ人間であるがゆえに、ある情況になればある反応をして当然であり、従って別の状態におかれれば別の行き方をするというだけのことである。

なぜこうなるのか？　描写とか図像には思想性はないと人が思い込んでいるからである。ところが描写も図像も一つの思想を伝達しており、ある図像がどのような思想を伝達したかを研究する図像学《イコノグラフィ》という学問もあり、黙示文学もこの観点から「言葉にする連続的な映像の積み重ねによる思想の伝達方法」として研究されねばならないのである。

以上のような目で日本の新聞を読むとき、人びとはそれが、ある種の思想を黙示録的に伝達することによって、その読者に一切の論理・論証をうけつけ得ないようにして来たことの謎が解けるはずである。戦時中の報道の研究、中国報道の研究、公害報道の研究等すべてをこの観点から行なって行けば、単なる描写の積み重ねのように見えるものが、実は、ある種の思想で人びとを拘束して、絶対に態度を変えさせなくする黙示録的伝達であったことを人びとは覚るであろう。だがこの探究の細部については、別の機会に譲りたい。

人は、論理的説得では心的態度を変えない。特に画像、映像、言葉の映像化による対象の臨在観的把握が絶対化される日本においては、それは不可能と言ってよい。カドミウムが〝カドミウム〟である者に対して、カドミウムが金属であることを論証しても、同じような手法でお札《ふだ》が紙であることを論証しても、御真影も遺影デモも紙と印画紙と印刷インキであることを論証しても、それは一冊の本もまた紙と印刷インキであることを論証するのと同じように無力なのである。この無力を知るとき、人はその臨在感的〝空気〟に対抗するために通常性的〝水〟をさす。しかしここで忘れてはならないことは、空気も水も、現在および過去のものであって、未来はそれに関係ないということである。従ってこの方法をとるとき、人は必然的に保守的にならざるを得ない。いわば進歩的な〝空気〟そのものが、実は最も保守的なものにならざるを得ないのである。そして過去の水は常に「目の前に予測しうる現実としての未来」を「差す」ことによって、この空気に対応するという形になっていた。だがそれも、いわゆる先進国の「現在」を自己の未来として臨在感的に把握することによって可能だったわけで、これは厳密な意味の未来ではない。

「未来は神の御手にある」という言葉がある。この言葉は宗教的に理解してもよいが、現実的に理解すればさらに明確である。人間の手は未来に触れることはできない。明日の状態に手を触れ得ないだけでなく、一時間後、一分後の状態ですら手を触れ得ない。簡単にいえば、たとえば何かの拍子にストーブがすべって近寄って来ても、それが体にふれるまではジュッと感じないわけで、その五分前でも、人はそれに予め触れることはできない。そして中根千枝氏の言葉を敷衍《ふえん》すれば、そのストーブが五分後の未来において、人の体に触れたときどういう状態になるかをいくら説明しても、日本人はそれを信じないということである。これを短く言えば「人は未来に触れられず、未来は言葉でしか構成できない。しかしわれわれは、この言葉で構成された未来を、一つの実感をもって把握し、これに現実的に対処すべく心的転換を行なうことができない」ということになるであろう。臨在感的把握は、それが臨在しない限り把握できないから、これは当然のことと言わねばならない。

同時にわれわれは、自らの手で、このような形で言葉を構成したことはなかった。言葉は常に黙示的伝達の手段であった。これは、日本の批評にも現われており、論争の際でも相手の言葉の内容を批評せずに、相手に対するある種の描写の積み重ねで、何らかの印象を読者すなわち第三者に与え、その印象に相手を対応さすことによって、その論争に決着をつけてしまおうとする。この結果生じたのが「世界で最も罵詈《ばり》讒謗《ざんぼう》に弱い」という批評をうける状態であった。いわばある種の情況を創出されることを極端に恐れ、その情況による人びとの心的転換を恐れるという態度である。ただこれも「空気」が消えれば消え、従って、論証によってより正確な未来を言葉で構成することを不可能にしている。それがさらに、人びとが「言葉による未来の構成」を実感しないという悪循環を生んだ。一方、これではどうにもならぬということに気づいて「否応なく未来の予測を必要とする集団」たとえば企業などは、自らを一種の鎖国状態におき、その密室内だけで、自らの内で通用する言葉だけで自己の未来を構成し、その構成された未来と現状との間で事を処理するという傾向も生んだ。それがまたその閉鎖集団内部の私的信義に基づく忠誠を醸成し、「父と子の隠し合い」の倫理をますます強固にしていく。

もしこの状態がこのまま進めば、おそらく日本は、その能力をもつ集団ともたない一般人の双方に分かれて行くであろう。

というのは、「空気」に基づく行動が、まわりまわっていつしか自分の首をしめて行き、その判断で動きまわっているとどうにもならなくなることを、人は、否応なく実感せざるを得なくなってくるからである。戦争直後にこのことはいやというほど実感させられたわけだが、現代でも、公害問題が華やかだったとき、「経団連」をデモ隊で囲んで「日本の全工場をとめろ」といった発言に対して、ある経済記者が「一度やらせればいいのさ」と投げやりな態度で言った例にその実感がある。これは、臨在感的把握に基づく行為は、その自己の行為がまわりまわって未来に自分にどう響くかを判定できず、今の社会はその判定能力を失っているの意味であろう。彼の考え方を要約すれば、「ジュッと熱く感じない限り理解しない人たちだから、そんなことをすればどうなるかいかに論証したって耳は傾けない。だから一度やけどすればよい」といった一種の諦めの発言であり、これは戦争中にもある。そしてそれが終って〝空気〟が消失すれば、結局また同じことを言うわけである――「日米の生産力・軍事力の違い、石油・食糧の予測、小学生でもわかる計算がなぜできなかったのか……」と同じように「全工場をストップすれば一体どんなことになるか、小学生でもわかることがなぜわからなかったのか」と。このことは起らなかったが、小規模では絶えず行なわれてきた。そして人びとは、このときも洗剤騒動のときも、臨在感的把握に基づく直接的行動が自分に思わぬ結果を招来することを何となく知ったわけである。それが現在の一種の無反応状態の原因であるという人もいる。

しかしその中である種のエリートは、前記の作業をしている。これがしだいに進めば、結局新しき士大夫がすべてを統治して「民はこれに依らしむべし、知らしむべからず」の、儒教的体制へと戻って行くであろう。そして戻って行くことを、心のどこかで人びとは半ば認め出したのではないかと思われる徴候もある。これに対して「自由」はいかなる位置に立ちうるのか。それを探すには、かつて彼らが、黙示録的支配から何によりいかにして脱出して来たかの歴史が、一つの参考となるであろう。だが、その問題については、また別の機会に記したいと思う。というのは本書の主題は、〝空気〟を研究してまずその実体をつかむことだからである。

あとがき

本書で私は、「文藝春秋」連載『空気』の研究」と「諸君！」掲載『通常性』の研究」「事件のあとに来るもの」を基にして、日本に潜在する伝統的発想と心的秩序、それに基づく潜在的体制の探究を試みたわけである。表題を『空気』の研究」としたのは、探究は「空気」にはじまり、結局また「空気」にもどり、「空気」が全編に通ずる主題だったからである。

「空気支配」の歴史は、いつごろから始まったのであろうか？　もちろんその根は臨在感的把握そのものにあったのだが、猛威を振い出したのはおそらく近代化進行期で、徳川時代と明治初期には、少なくとも指導者には「空気」に支配されることを「恥」とする一面があったと思われる。「いやしくも男子たるものが、その場の空気に支配されて軽挙妄動するとは……」といった言葉に表われているように、人間とは「空気」に支配されてはならない存在であっても「いまの空気では仕方がない」と言ってよい存在ではなかったはずである。ところが昭和期に入るとともに「空気」の拘束力はしだいに強くなり、いつしか「その場の空気」「あの時代の空気」を、一種の不可抗力的拘束と考えるようになり、同時にそれに拘束されたことの証明が、個人の責任を免除するとさえ考えられるに至った。

現代でも抵抗がないわけではない。だが「水を差す」という通常性的空気排除の原則は結局、同根の別作用による空気の転位であっても抵抗ではない。従って別「空気」への転位への抵抗が、現「空気」の維持・持続の強要という形で表われ、それが逆に空気支配の正当化を生むという悪循環を招来した。従って今では空気への抵抗そのものが罪悪視されるに至っている。これはロッキード事件で絶えず言われた「うやむやにするな」という言葉にも表われている。これはロッキード糾弾の「空気」をあくまでも維持せよとの主張と思うが、それでも結局「うやむや」になる。では一体なぜ「うやむや」になるのかは、稿を新たにして「うやむやの研究」として取り組むべき問題だが、この「うやむや化の原則」は、もちろん「空気と水」の関係に基づいている。

「ロッキード徹底追究」という「空気」には、否応なく「通常性の水」を差される。これはだれかが意識的に「水」を差そうとしなくても、「徹底追究」を叫ぶ人の通常性自体がその叫びに「水」を差しているのだから、その人が日本の通常性に生きている限り、その「空気」を「追究完了」まで持続さすことはできない。それは今太閤ブームを持続さすことができないのと同じである。

　言うまでもないが、元来、何かを追究するといった根気のいる持続的・分析的な作業は、空気の醸成で推進・持続・完成できず、空気に支配されず、それから独立し得てはじめて可能なはずである。従って、本当に持続的・分析的追究を行なおうとすれば、空気に拘束されたり、空気の決定に左右されたりすることは障害になるだけである。持続的・分析的追究は、その対象が何であれ、それを自己の通常性に組みこみ、追究自体を自己の通常性に化することによって、はじめて拘束を脱して自由発想の確保・持続が可能になる。空気で拘束しておいて追究せよと言うこと、いわば「拘束・追究」を一体化できると考えること自体が一つの矛盾である。これを矛盾と感じない間は、何事に対しても自由な発想に基づく追究は不可能である。言葉を換えれば、最初に記したように、対象を臨在感的に把握することは追究の放棄だからである。

　このことは「うやむやにするな」と叫びながら、なぜ「うやむや」になるかの原因を「うやむや」にしていることに気づかない点にも表われている。いわば「うやむや反対」の空気に拘束されているから「うやむや」の原因の追究を「うやむや」にし、それで平気でいられる自己の心的態度の追究も「うやむや」にしている。これがすなわち「空気の拘束」である。そして少なくとも昭和期以前の日本人にあった「その場の空気に左右される」ことを恥と考える心的態度の中には、この面における自己追究があったことは否定できない。

一体なぜこの「自己追究」が消え、全員空気拘束主義の独裁化を招来したのであろうか？　消えたものを追っても始まらないなら、われわれは、別の対象として何を追究すべきなのであろうか。西欧が改革を求めるとき自らの根元にもどり、まず根本主義者《ファンダメンタリスト》としての位置から再出発するなら、その行き方はわれわれにも参考になるはずである。そこで、この「あとがき」において、いまわれわれが根本主義者《ファンダメンタリスト》に対して言う言葉と全く同じ言葉を口にした最初の日本人、「五百年に一人の人」新井白石の言葉を紹介して本書の結びとしたい。

言うまでもなく『西洋紀聞』は、潜入して来た宣教師ヨワン・バッティスタ・シローテことシドチを白石が尋問した書である。この書の中で白石は、彼を評して次のように言っている。

「其教法を説くに至ては、一言の道にちかき所もあらず、智愚たちまち地を易《か》へて、二人の言を聞くに似たり。ここに知りぬ、彼方の学のごとき、ただ其形と器とに精しき事を、所謂形而下なるもののみを知りて、形而上なるものは、いまだにあづかり聞かず」と。

白石はこの一人間から「二人の言」を聞く思いがした。そして一方の言が賢者の言葉なら、もう一方の言は愚者の言葉であった。白石が賢者の言葉として聞いたのはシドチの人文科学上の知識と世界情勢に関する広範な認識であり、彼はこれを高く評価している。そして彼が愚者の言葉として聞いたものは、シドチがそれを伝えるためにわざわざ日本に潜入して来たキリシタンの教えであった。そしてこれと同じ思いを、すべての人は、根本主義者《ファンダメンタリスト》の高名な自然科学者・社会科学者と語ったときに抱くであろう。だがシドチは、白石には賢愚と二人に見えたものを一人格の中に結合している一人間であり、そして彼を日本に来らしめたその力は、白石の見た賢なる部分に属さず、実は愚なる部分、いわばミュンツァー的非合理性に属しているのである。この原則はただ根本主義者《ファンダメンタリスト》であるだけでなく、宗教改革以来、否それ以前から、彼らのうちにあった本質に根ざすものであろう。明治以来、否、白石以来、われわれは専ら彼らのうちの「賢なりと見た部分」にのみ目をとめ、「愚なりと見た部分」は棄却して今日に至った。伊藤博文がその一環なら戦後史もその短い一環にすぎない。そしてカーターへの報道を調べてみても、日本のマスコミは彼の「愚なる部分」に絶対に触れてはいけない。

白石は〝黄禍論〟を信ずる一部の欧米人にも似た日本的〝白禍論者〟ではもちろんなかった。この点彼は、戦前戦後を通じて何らかの形で常に存在した〝鬼畜米英的白禍論者〟とは違い、冷静にシドチの考え方を検討し、彼の教えの「愚なる部分」は日本には入れるべきでないと結論した。彼はそれを次のように結論づけている。彼の対キリシタン政策はあくまでもこの結論に基づいており、その鎖国哲学は今も日本を拘束しているといえる。

「……されど其教とする所は、天主を以て、天を生じ、万物を生ずる所の大君大父（全能の創造者）とす。我に父ありて愛せず。我に君ありて敬せず。猶これを不孝不忠とす。いはんや、その大君大父につかふる事、其愛敬を尽さずといふ事なかるべしといふ。礼に、天子は、上帝に事《つか》ふるの礼ありて、諸侯より以下、敢て天を祀る事あらず。これ尊卑の分位、みだるべからざる所あるが故也。しかれども、臣は君を以て天とし、子は父を以て天とし、妻は夫を以て天とす。されば、君につかへて忠なる、もて天につかふる所也。父につかへて孝なる、もて天につかふる所也。夫につかへて義なる、もて天につかふる所也。三綱の常（君臣・父子・夫婦）を除くの外、また天につかふるの道はあらず。もし我君の外につかふべき所の大君あり、我父の外につかふべきの大父ありて、其尊きこと、我君父のおよぶところにあらずとせば、家にゐての二尊、国にゐての二君ありといふのみにはあらず、君をなみし、父をなみす、これより大きなるものなかるべし。たとひ其教とする所、父をなみし、君をなみするの事に至らずとも、其流弊の甚しき、必らず其君を弑し、其父を弑するに至るとも、相かへり見る所にあるべからず」

一体なぜ、キリシタンがいけないのか。その結論は一言でいえば、儒教を基にした日本的序列的集団主義に反するからであろう。個人が「天」と直結することは許されず、個人は常に自己の所属する集団を「天」とし、その集団はさらに上層の集団を「天」とし、人には「二尊」があってはならない、もしそれを認めれば一切の秩序が崩壊するから、キリシタンはいけない。これが彼の結論である。

　これから見れば、西欧には常に「二尊」があったといえる。個人は「天」に直結するのが当然であり、人は常に個人として神と対面しているものとして規定されていた。「ヤハウェの顔は避けることはできない」で、人は神との対面を避けることができないわけである。と同時にこのことは、白石がシドチの中に「二人の言」を聞く結果でもあり、同時にわれわれが根本主義者《ファンダメンタリスト》の中に、「二人の言」を聞く理由である。

　そして彼らは常にこの「二人の言」を意識し、それをいかに自らの人格の中に結合さすかを考え、絶えずその緊張関係に生きてきた。これはミュンツァーにもルターにもピューリタンにも、二千年前のゼロータイにもあった。一方われわれの中にも「二人の言」はあったし、今もあるはずなのである。ただ常にそれを意識せず「現人神と進化論」と言われた途端に、この白石的な「天」と「西欧近代思想」との「二人の言」を全く意識していなかったことに気づくわけである。なぜ意識しないか。それが実は臨在感的把握の基本的な問題である。いわば対象に面した瞬間にそれに感情移入することによって、対象に完全に支配されるから、その時々その方向において「一人の言」しかその心にもっていないわけである。そしてそれはまた集団の中でも「二人の言」をもち得ず、完全に空気に拘束されてしまう理由であり、同時に、その体制化として「隠し合い」の倫理があるわけである。

ただ過去において日本は、儒教的道徳体系が、少なくとも精神的体系としては、存在する国であった。人びとは基本的にはこの体系に生き、この体系の中で自己を位置づけていたから、集団がこの体系にそくしている限り、「二人の言」はあり得なかった。しかし集団が「空気」に支配されて、自己の道徳的体系とは相いれぬ決定をしたとき、その人は「その場の空気に動かされず」に自己の内なる体系の定められた場所に自己を位置づけるという形で、一種の「二人の人」であり得た。そしてその体系を維持しつつ「賢なる部分」を導入することが明治以来の一貫した行き方になり、この点で日本は未だに「白石路線」の延長線上にある。だがこの「賢なる部分」と「愚なる部分」は実は一人格であり、白石が排除した「愚なる部分」は、文字通りに「愚」に形を変えて混入して来ることは、所詮避けられないことであった。西欧文明を積極的に導入しながら「西洋かぶれ」を戒め、白石が「形而上・形而下」と分けたような形で「日本の精神文明・西欧の物質文明」といった奇妙な分け方で、「物質文明では彼らに劣るが、精神文明では彼らに優る」と規定することによって、「愚なる部分」を排除しようとしても、「一人格内の賢愚分別」は、もともと無理な命題である。それはシドチはあくまでシドチという一人間として日本にやって来た以上、当然のことであろう。

この辺がわれわれの根本《ファンド》で、われわれがもし本当に「進歩」を考えるなら、この点の再把握を出発点とすべきであろう。もちろん「白石にもどれ」と言ったところで、それは、現在のアメリカがピルグリム父祖の時代にもどると同様に、否それ以上に不可能なことである。われわれは戦後、自らの内なる儒教的精神的体系を「伝統的な愚の部分」としてすでに表面的には一掃したから、残っているのは「空気」だけ。「現人神と進化論」といった形で自己を検証することはすでにできず、そのため、自らが従っている規範がいかなる伝統に基づいているかさえ把握できない。従ってそれが現実にわれわれにどう作用し、どう拘束しているかさえ、明らかでないから、何かに拘束されてもその対象は空気の如くに捉え得ず、あるときはまるで「本能」のように各人の身についているという形で人びとを拘束している。これは公害問題などで、〝科学上の問題〟の最終的決定が別の基準で決定されていることにも表われているであろう。

結局、民主主義の名の下に「消した」ものが、一応は消えてみえても、実体は目に見えぬ空気と透明の水に化してわれわれを拘束している。いかにしてその呪縛を解き、それから脱却するか。それにはそれを再把握すること。それだけが、それからの脱却の道である。人は、何かを把握したとき、今まで自己を拘束していたものを逆に自分で拘束し得て、すでに別の位置へと一歩進んでいるのである。人が「空気」を本当に把握し得たとき、その人は空気の拘束から脱却している。

人間の進歩は常にこのように遅々たる一歩の積み重ねであり、それ以外に進歩はあり得ない。本書によって人びとが自己を拘束している「空気」を把握し得、それによってその拘束から脱却し得たならば、この奇妙な研究の目的への第一歩が踏み出されたわけである。どうか本書が、そのために役立ってほしいと思う。

著者

解説

日下公人

山本七平先生は四つの世界をもっている。

第一は山本書店刊の「日本人とユダヤ人」(一九七〇年)に始まる日本人及び日本社会論の世界で、これは近年、大流行の日本人論の始まりになった。本書の『「空気」の研究』(一九七七年・文藝春秋刊)はこの流れの中にある。日本の知識人は氏の一連の著作活動で自分が立っている脚下の板を一撃のもとにたたきわられたように感じている。

第二は「私の中の日本軍」上・下(一九七五年・文藝春秋刊)を代表とする一連の日本陸軍物語で、これも日本陸軍を解剖した所見としては他に例を見ない鋭利さで広い愛読者層をもっている。

山本七平氏は大正十年東京に生まれ、昭和十七年青山学院卒業と同時に陸軍に第二乙種合格で召集され、近衛野砲兵連隊に入営したのち、甲種幹部候補生試験に合格して豊橋第一陸軍予備士官学校に入学した。そこで砲兵将校としての教育を受けたのち、昭和十九年五月門司を出港してマッカーサー軍の上陸間近い比島へ送られる。比島では第一〇三師団砲兵隊本部付の少尉として地獄の比島戦を経験し、九死に一生を得て昭和二十二年に帰国した。

氏はこの五年間の体験から実に多くのことを汲みとって我々に提示された。それは戦史の証言であると同時に日本人論にも、また人生論にも、あるいはアメリカ人論や経営組織論にもなっている。

第三の世界は聖書の世界である。氏は旧約聖書の世界に深く入っていくつかの著書・訳書を出されている。私は「聖書の旅」（一九八一年・文藝春秋刊）に驚歎したが、氏はギリシャ語、ラテン語、ヘブライ語を自由にして多くの古典に通じ、さらに砲兵将校的技術観で往時の製鉄技術や野戦と攻城の戦法を考え、地勢と気候を観察し、また日本人離れした歴史観と宗教観で古代人の心を手にとるように再現して旧約聖書の中の神話をわれわれに現実の物語として見せてくれた。

一人の人の頭脳の中にこれだけたくさんの事が収録されるとは全く想像を越えたことである。しかもそれらは総合され、相互に連鎖反応を重ねた後にエッセンスとしてのみ読者に発表されている。

近頃は受験勉強で課目数が多いのは子供に負担過重だという意見を述べる人が多いが、人間の頭脳はそれ程記憶容量が少いものかどうか。山本氏に問えば恐らく、各課目が各専門家のエゴで唯我独尊的に教えこまれるから子供が拒絶反応を起こすのであって、全ての課目をひとつに束ねる基本原理、あるいは束ねて生きてゆく目的、あるいは考えてゆく喜びなどを子供に自覚させるのが先決だ、と答えられるのではないだろうか。そうすれば頭は受け入れるのである。

軍隊生活の五年間、山本七平氏は多分精神的にも肉体的にも殺されかけていた。その中で〝内なる自由〟だけを必死で守ったことが、生命の根源的なエネルギーの発露としての頭脳活動をひき出すことになったのだろう。氏にとって、軍隊は〝戸塚ヨット・スクール〟だったのかも知れない。

日本人論と軍隊論と聖書論を一本に統合し得る高い見識の存在はこれまでの日本人にとっては未知のものだが、氏はそれを深くかくして他人には見せない。われわれは受験勉強をする子供の如くそれぞれの各論をまずマスターするところから始めねばならないが、そこには丁度、小学校時代の先生が一人でいろいろな課目を教えてくれたような親しさが感じられる。本書を読まれた読者は氏の軍隊論と聖書論にも手を拡げられるようおすすめしたい。

第四は山本書店主としての世界である。

先日、大平首相のブレーンだった人の集りでお目にかかったので、「先生は世間的には四つの世界をもっていられるが、その内のどれを最も誇りとされますか」、と質問してみた。答は山本書店主としての自分とのことだった。山本書店が出版する書物は世界最高水準をゆくもので、それに比較すると他は問題にならないのである。

山本書店は長らく〝世界最小の出版社〟と誇っていた。今は若い人が二人いるから最小かどうかは知らないが、市谷の自衛隊前の裏道にあって一般には知られない出版社である。氏は軍隊から帰って暫《しば》らくサラリーマンをしたのち独立して昭和三十三年に山本書店を創立した。以来、キリスト教の原点に関する本を新刊で年に十点、再版を十五点ずつ出版している。

だから氏のことを世事にうとい学者・評論家などと思っては大間違いである。氏は経営者なので、実は一般サラリーマンなどは知らない経営の苦労をたくさん経験されている。出版業界の裏表から大手・中小の販売合戦の構造、それから税金のことでも何でも知っていられる。

氏が自分の肩書きに、山本書店主と書かれる意味はもちろん山本書店の業績の高さに誇りをもたれてのことと思うが、それに加えて一介のサラリーマンである私は実業の世界で経営の苦労を背負い、黒字も出している、という意味も感じるのである。

そのように自分一人の力で生活を樹《た》てている力強さとさわやかさの上に立った評論だから、山本七平著の書物はそのどれをとっても他の追随を許さぬものをもっている。

さて、以上のような展望が的外れでないことを願いつつ、「『空気』の研究」の内容に入ってみよう。

　微力を傾けて私が著者と読者の橋渡しを務めるという意味でまず頭に浮かんでくるのは「汝等の頭の髪の毛まで算えらる」（マタイ福音書十章三十節）という聖書の一句である。

　一年三百六十五日、太陽が照りつける砂漠に住む人々は、神と自分の関係をこのように実感する筈で、それがイスラエルやアラブにおけるエホバや中国における天の思想になっているに違いない。

　しかし、一年中雨が多く曇天つづきの日本では天から見られているという実感は少ない。中国からの輸入思想である「天知る、地知る、我知る」とか、「お天道様に相すまない」とかの考えは何時しか風化し、カビが生えて、自分一人位は何をしていても分るまいという土着の考えに吸収されてしまう。多分山が多く森林がすべての動物をおおいかくしてしまう日本の風土がそう考えさせるのである。

　一神教と多神教の差は「髪の毛まで算えられている」と思うか否かの差なのだろう。一神教を信じる人からみると、日本人はいつも仲間に付和雷同して互いの「空気」の中に生きることを何とも思わないらしいが、そんなことで最後の審判の時には何と言って神に申し開きするのか、と心配であるに違いない。

　しかし我々にそんな心配は分らない。魚が水を意識しないように我々は日本の「空気」を意識しない。氏はユダヤ人の気持を研究しつくした眼で日本人をみるから、それが指摘できるのであり、指摘されて我々はショックを受けるが、我々は砂漠の民でないから根本的には分らない。辛うじてその昔に輸入された中国の天の思想や明治以降に輸入された科学思想がもつ合理主義にすがって、自分達を包む「空気」の存在に多少なりとも批判精神をもつようになるが、所詮はその程度である。山本七平氏には読者の反応がその程度に止ることも同じ日本人だから良く分っていられるに違いない。だからそれ以上に立入ることは避けて、日本では一神教的思想に由来する各種の概念がいかに好い加減に用いられているかの立証に筆を進められる。たとえば個人主義、たとえば合理主義、たとえば原理・原則、たとえば科学的証明、たとえば論理的考証などの用語が日本ではいかにもそれらしく用いられながら、最後の所では日本化されて本来の切れ味を失っている状況が克明に語られる。

しかもその証明はごく身近かな新聞記事から数百年、数千年前の歴史的事件にまで及んでいる。歴史は繰り返しているのであって、戦中戦前の日本人の思想様式や行動様式が今も変っていないことが、的確な対比で次々に提出されるので、我々は本当に逃げ道をふさがれたような気持にさせられる。

こういう指摘ができる山本七平氏自身は心の中にゴムのように伸縮はしない物指しを多分もっていられるに違いない。氏がどのようにしてその物指しを手に入れられたか、あるいはそれがどのようなものであるか、は私の到底推察し得る所でないが、しかし、大正族や昭和ヒトケタ族にはその伸縮しない物指しの重要性と必要性はよく分るのである。

その世代は理由がよく分らない戦争に捲きこまれて、ひどい苦労をさせられたからである。氏が比島のカガヤン州で苦闘していた頃、私も日夜の空襲でサンマのように焼かれた同胞の死体を前後左右に見ながら母や妹とともに自分も近日中にこうなるのだろうと思って暮していた。

だから何故そんな目に会ったかの原因探究に関しては今でも熱心である。同じ気持の人も多い筈である。そういう気持で本書を読むと、氏はそれは「空気」の力が原因だったと教えてくれる。水を差しても無効な程の「空気」の力が開戦の原因で、同じことは今も繰り返されていると教えてくれるので恐怖を感じるほどの迫力がある。

さらに本書はユダヤ人は紀元前からそうした「空気」の存在を自覚していて、その克服手段に種々工夫を凝らしていたとも教えてくれる。これは、東西緊張激化の現代に生きる我々にとって大きな示唆であるに違いない。

山本七平先生の本が読めることを私は感謝している。

（日本長期信用銀行取締役）

文春文庫

「空気《くうき》」の研究《けんきゅう》

定価はカバーに
表示してあります

2018年12月10日　新装版第1刷
2025年6月10日　第8刷

著　者　山《やま》本《もと》七《しち》平《へい》
発行者　大沼貴之
発行所　株式会社 文藝春秋

東京都千代田区紀尾井町 3-23　〒102-8008
TEL 03・3265・1211㈹
文藝春秋ホームページ　https://www.bunshun.co.jp

落丁、乱丁本は、お手数ですが小社製作部宛お送り下さい。送料小社負担でお取替致します。

印刷・TOPPANクロレ　製本・加藤製本　Printed in Japan
ISBN978-4-16-791199-7